創造的人間の秘密

How to Become a Creative Person

大川隆法

RYUHO OKAWA

まえがき

私にとっては当然のこととなっていることも、初めての読者には意外なことが多かろう。

私自身が考えるには、仕事の生産性は「原因あって結果あり」だが、そのプロセス（過程《かてい》）の大切さは、いわくいいがたいものがある。

たとえば、本を年二千冊以上読めば、いくらでも著書が書けるわけではない。読めば読むほどに、頭の中身が混乱し、収拾《しゅうしゅう》がつかなくなるのが、九十数パーセントの人たちだろう。また、あまり早く学生時代から雑学をやりすぎると、クイズ型人間や週刊誌型人間にしかならないだろう。

幹と枝葉を見分け、本質をズバッと見抜く力は、才能と天恵《てんけい》と忍耐力に裏づけられている。

常に砂の中に砂金《さきん》を見つけ出す努力や、ダイヤモンドの原石を磨《みが》き続ける努力が必要だ。

二〇一八年　五月十六日

幸福《こうふく》の科学《かがく》グループ創始者兼総裁《そうししゃけんそうさい》　大川隆法《おおかわりゅうほう》

創造的人間の秘密　目次

Chapter 2

「知的体力」増強法

人生を逆転させる読書術

Chapter 3

忍《にん》耐《たい》力《りょく》

成功し続ける人のマインドと戦略

4 「人格力」「仕事力」を養う読書術 170

5 忍耐力ベースの人生戦略 179

Chapter 1

How to Become a Creative Person

創造的人間の秘密

イマジネーションから生まれる
クリエイティブ・パワー

1

よりよい発想を得る習慣《しゅうかん》

そのアイデアは本当に「新しい」のか

本章のタイトルである「創造的人間の秘密」の「創造」という言葉は、「新しいものを創り出す」という意味ですが、世の中には、すでに「創造されたもの」がたくさんありますし、何か「新しいもの」を思いついている人もたくさんいます。

そういうことを知らずに、自分一人で一生懸命《いっしょうけんめい》、研究開発をしたつもりでいても、「実は、すでにそれが存在していた」「実は、すでにそれを見つけていた人がいた」などという場合、何年、何十年という時間が無駄《むだ》になることもあります。

現代文明において、「創造的な人間」を目指す場合、「ロビンソン・クルーソーのように、離《はな》れ小島に一人ぼっちで住み、何もかも発明する」というわけにはいきません。これだけ多くの人間がいる以上、自分が思いついたことは、すでに誰《だれ》かが考えていることが多いのです。

創造の過程で「時間の無駄《むだ》」を生まないために

以前、「カンブリア宮殿《きゅうでん》」というテレビ番組で、幻冬舎《げんとうしゃ》の見城徹《けんじょうとおる》社長とサイバーエージェントの藤田晋《ふじたすすむ》社長の対談を行《おこな》っていました。

そのとき、藤田氏はまだ三十八歳《さい》ぐらいの若さでしたが、厳しい淘汰《とうた》の波で数多くの企業《きぎょう》が潰《つぶ》れているIT業界にあって、いまだに生き延びている社長の一人です。彼は、自分の会社を二十六歳で上場させ、三十代で社員二千人ぐらいの規模にしました。

藤田氏は、番組のなかで、次のようなことを言っていました。

「『こんな奇抜《きばつ》なことは、誰も考えないだろう』と思っても、自分と同じことを考えている人が三人ぐらいはいる。何かを求めて考え抜《ぬ》いていると、同じような結論やアイデアに思い至る人は、けっこういるものだ」

ニュービジネスと言われるものであっても、必ずしも、すべてをトップ一人が独創《どくそう》できるわけではありません。すでに他の人が「研究したもの」「見つけたもの」「つくったもの」をいち早く知ることができれば、時間を短縮できるのです。つまり、自《みずか》ら同じことをやり直す必要はないわけです。

例えば、円周率は、「三・一四……」です。これを今、自分で新たに計算し直すことも可能でしょう。しかし、すでにコンピュータでかなりの桁《けた》まで算出されているので、個人で計算し直すのは時間の無駄《むだ》になります。

このように、「すでに、ある程度の結果が出ている」ということを知らないと、無駄な時間を費《つい》やしてしまうこともあるのです。それは、「勉強の世界」においても、「仕事の世界」においても同じです。

すでに、ある程度よいものができている場合には、それを研究し、学んだ上で、「さらに、何かを付け加えることができないか」ということを考えなければいけないのです。

「インスピレーション」だけに頼《たよ》るのは甘《あま》い

その意味で、「何もせずに、天から何かが降ってくるのを、ただただじっと待つ」というのでは、考え方としては甘《あま》いと言えます。

幸福の科学は宗教ですので、天からの啓示《けいじ》、インスピレーションを非常に大事にしていますし、実際、そうした力も働いていますが、その「インスピレーションの力」を「日ごろの勤勉な努力」と結合させることが大事です。

日ごろ、勤勉に努力する習慣《しゅうかん》を持っていない人の場合、「誰も考えないことを思いついた。発明した」などと言っても、そうではないことが多いわけです。

もちろん、「初めてのことを思いつく」ということはあります。そういうことに思い至り始めると、次から次へと新しい発想が出てきます。訓練によって、あるいは努力の積み重ねによって、よりよい発想が出てくるようになるのです。

新しい発想を得る方法

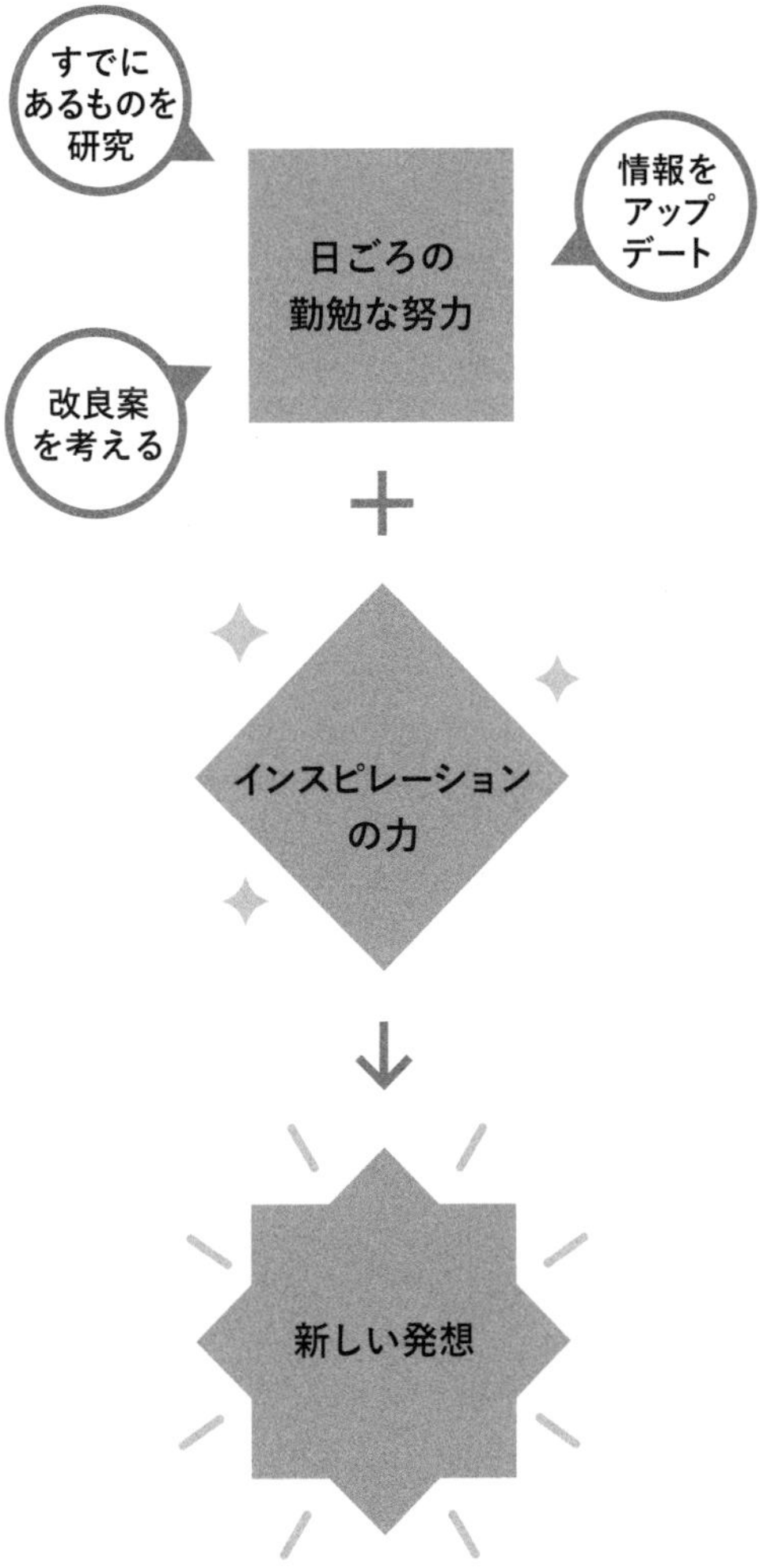

すでに
あるものを
研究
情報を
アップ
デート
日ごろの
勤勉な努力
改良案
を考える
＋
インスピレーション
の力
新しい発想

2

想像力が創造力に変わるとき

「イマジネイティブ（想像的）である」とはどういうことか

本章は「創造的人間の秘密」という題ですが、この「クリエイティブ（創造的）な人間」になる前の段階として、まずは、「イマジネーション（想像力）を持った人間」になることが大事です。

イマジネーションとは、思いのなかにおいて「想像する力」「考えつく力」のことです。これが大事なのです。これが、実際に、クリエイティブなほうへと動いていきます。「イマジネイティブ（想像的）」から「クリエイティブ（創造的）」へと動いていくのです。

したがって、「心のなかのイマジネイティブな空間」を大きくしていくことが非常に大事です。

ここで、具体例を挙げてみましょう。

幸福の科学では、現在、栃木《とちぎ》県の那須《なす》に、●総本山《そうほんざん》・那須精舎《しょうじゃ》と幸福の科学学園中学校・高等学校を持っています。

その土地は十数年前に購入《こうにゅう》したのですが、実は、もとは潰《つぶ》れたゴルフ場でした。一九八〇年代のゴルフ場開発ブームに乗って、造成費に約百五十億円をかけて開発したものの、出来上がったときにはブームが去っていたため、一回もゴルフがなされることなく潰れてしまったのです。

その後、十年ほど、まったく使われない状態が続いていたため、そこの事業主は困って、「草刈《くさか》りなどをして維持《いじ》するだけで年間五千万円もかかるので、何とかして処分したい。使ってくれるところはないだろうか」と思っていたのです。

●**総本山・那須精舎**　幸福の科学の研修施設。栃木県にある４つの総本山の内の一つ。

私は現地に行き、そこの景色をじっと見ながら、「ここは何に使えるだろうか」と考えました。まず、「精舎として使える」と思いました。そして、しばらく考えてから、次に、「学校にも使える」ということを思いつきました。さらには、敷地《しきち》内で最も大きい池の周りを歩きながら、「このあたりに黄金の大ストゥーパ（仏塔《ぶっとう》）が建つといいな。それが池の水に映ると、とてもよい感じになる」と思ったのです。

このように、「建物が何もないところを見て、建物が建っている姿などを想像する力」が重要です。これが「イマジネーションの力」です。こうした力が「未来を創っていく力」になるのです。

大切なのは、「何が見えるか」ということ、すなわち、「そこで何かが活動している姿や、新しいものができていく姿が見えるか」ということです。

「できない言い訳」を「想像力」で一つひとつ消し込《こ》んでいく

ところが、当会の幹部たちからは、学園を建てるに当たって、「できない理由」ばかりを数多く聞かされました。しかし、それに対して、私は一切《いっさい》、耳を貸しませんでした。「できない」と思えば、できないのが当たり前です。それをできるようにするのが「努力」なのです。

私の目には、そこに学園ができ、生徒たちが勉強をしたりクラブ活動をしたりしている姿が、ありありと見えました。そして、「つくろう」と思ったところ、やはり、つくることができたのです。

例えば、今、幸福の科学学園が建っている場所は、もともとゴルフ場用の造成地だっただけあって、ゴルフを面白《おもしろ》くするために、山あり谷あり池ありという、起伏《きふく》のある土地になっていました。

そのため、当会の幹部たちは、「ここは学校には向いていない」と思い、広く平らな土地ばかりを探していたのですが、私は、「土地を均《なら》せば済む話だ。ここを均して学校を建てよう」と言って、そのようにさせたのです。

幹部たちは、「ここで野球をしたら、打った球《たま》は斜面《しゃめん》を転がっていき、すべて〝ホームラン〟になってしまいます。〝おむすびころりん〟のようになり、二度と返ってこないかもしれませんが、それでよいのでしょうか。グラウンドをつくれなければ、野球はできません」というような言い訳を、たくさんしていました。私のところには、そのような「できない理由」がたくさん上がってきたのです。

それに対して、私は、「丘《おか》を崩《くず》し、その土をへこんだ所に持っていけばよい」と言ったわけです。

要するに、創造的人間になるためには、まず、「想像できるかどうか」

ということが重要なのです。

ほかにも、幸福の科学学園には、「全寮制《ぜんりょう》が可能かどうか」という問題もありました。「親が家から女子生徒を出して、寮に入れてくれるかどうか」「高校生なら大丈夫《だいじょうぶ》だろうが、中学生は寂《さみ》しがるのではないか」など、難しい問題は数多くあったのですが、全寮制も実現することができたのです。

最終的には、やはり「想像力」であると思います。

まず、空想をしてイマジネーションを働かせることです。そして、「できるのではないか」という姿が見えたときに、それを実践《じっせん》に移し、やってのけたら、これが、「創り出す力」「クリエイティブ・パワー（創造力）」に変わってくるのです。

「想像力」が「創造力」に変わる

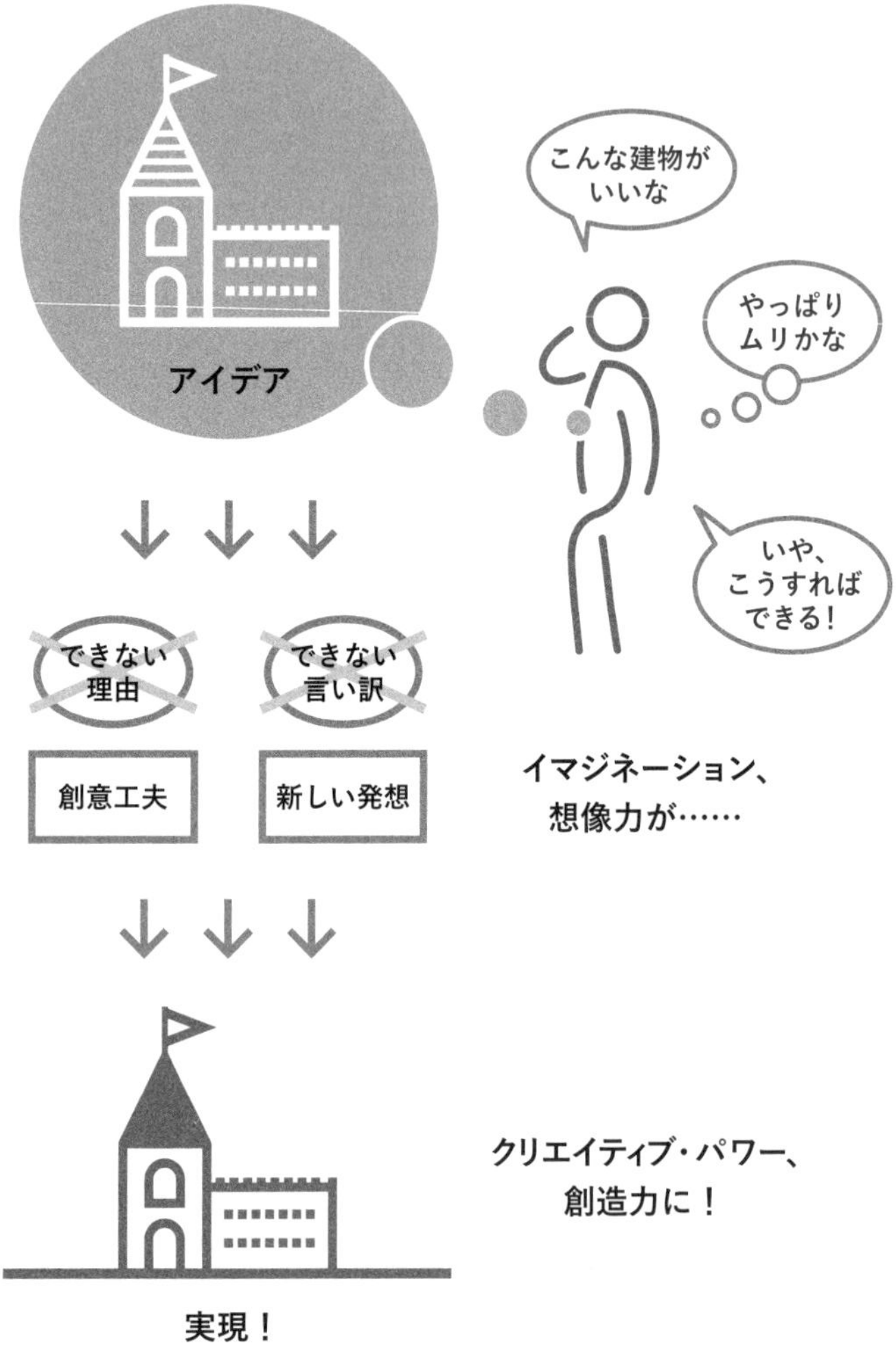

3 「創造性の高い仕事をする人」の発想法

「コロンブスの卵」が教えてくれること

「心のなかで、まず『思い』をつくる力」は非常に大事なものであり、昔であれば、これは「魔法《まほう》」に当たる部分なのかもしれません。

「コロンブスの卵」の話と同じで、何であれ、最初に思いつくことは本当に難しいものなのです。

コロンブスは、インドに向かって西回りで航海し、陸地に出合ったわけですが、それを祝う席で、ある人から、「こんなことは誰《だれ》にでもできる」と言われました。そこで彼は、「では、このテーブルの上にある卵を、誰か立ててみてください」と言い、誰も立てることができないのを見届けると、「こうやって立てるのです」と言って、卵の下のほうを潰《つぶ》して立てたのです。

「卵の一部を潰して立てる」ということを思いつく人は、なかなかいないものです。コロコロと転がる卵をそのまま立てようとしても立ちませんが、一部を破壊《はかい》することを考えつけば、立てることができたのです。

一度、それを実行してみせれば、そのあとは誰でもできるようになるのですが、最初に思いつくことは難しいのです。これが「コロンブスの卵」の話です。

身近な食品にも「新しいビジネスチャンス」が眠《ねむ》っている

このような話は、ほかにもいくらでもあります。

今、街に行けば、薄《うす》く切られた食パンが売られています。しかし、あのようなものがもともとあったわけではなく、パンは焼き上がった状態のまま、塊《かたまり》で売られていました。

しかし、「パンを薄く切って、食べやすくしたらどうだろうか」と思いついた人がいて、そのようにしたら大いに売れたのです。

砂糖でも同じような話があります。

砂糖というものは、放っておくと空気中の水分を吸って固まってしまう性質を持っていますが、それは砂糖の欠点であり、問題点だとされていました。コーヒーにも紅茶にも、サラサラの砂糖のほうが使い出がよいと考えられていたからです。

ところが、「砂糖を最初から固めてしまえばよいのではないか」と考えた人がいたのです。それが角砂糖の始まりです。角砂糖という四角い砂糖を発明した人は、たったそれだけのアイデアで大きな富を築いたのです。

砂糖は水分を吸ったら、当然、固まりますが、その人は、「最初から固まっていたらどうだろうか」という「逆転の発想」をしたわけです。確かに、角砂糖にしたら、パックにして売るのにも持ち運ぶのにも便利です。また、角砂糖をコーヒーや紅茶のなかに入れることには、それなりに風情《ふぜい》があって悪くありません。

しかし、「砂糖はサラサラの状態がよく、固まっていると溶《と》けにくいので困る」と思われていたため、それまで誰も角砂糖を思いつかなかったのです。それを思いついた人は、とても儲《もう》かりました。簡単なことですが、そういうことがあるわけです。

そのように、世の中においては、ものの考え方次第《しだい》で新しいものを創り出すことができます。そこには、「新しい商売のチャンス、ビジネスチャンス」や「新しい起業の芽」があるのです。

創造性を高める「思考訓練」のヒント

いろいろな新しい発想が求められる、特に創造性が高い職業としては、例えば、作家や芸術家などがあります。また、会社の経営者でも、新しくビジネスをつくっていく経営者などは、非常に創造性の高い仕事をしていると思います。それから、まだ世の中にないものを発明する発明家もそうでしょう。

こういう人たちは、みな非常に創造性が高いと思いますが、それだけではなく、「基本として、なすべき努力」を当然、行《おこな》ってきているのです。その上で、さらに、「違《ちが》う角度から物事を考えてみる」ということが大事です。

「引っ繰《く》り返してみる。大きくしてみる。小さくしてみる。逆にしてみる。そのように、いろいろな努力をしてみると、どうなるか」ということを考え、それを行うと、思わぬ効果が現れてくることもあるのです。

そういうことを、「思考訓練」として頭のなかで考えることができる人には、いろいろと新しいチャレンジが可能になってくるわけです。

創造性を高める思考訓練の例

引っ繰《く》り返してみる

大きくしてみる

小さくしてみる

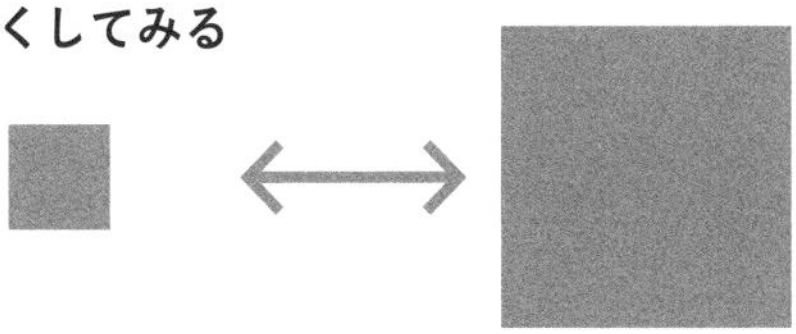

逆にしてみる

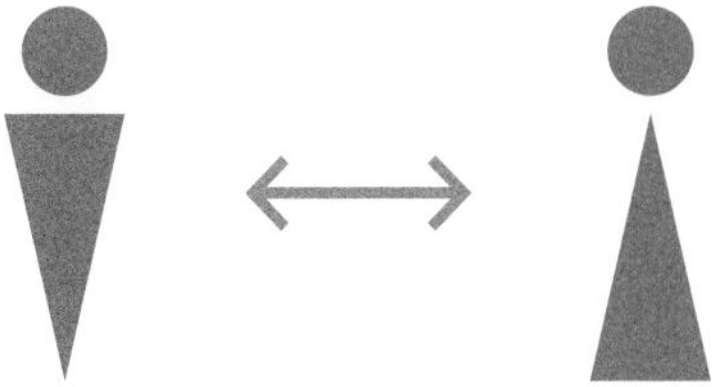

4

自分の長所を見極《みきわ》める

個性や特徴《とくちょう》を無理に捨てる必要はない

新たなものを創造するときに大事なことは、「失敗を恐《おそ》れないこと」だと思います。何事もトライしてみないと分からないのです。「普通《ふつう》、誰《だれ》も考えないこと」を考えることが大事だと思います。

例えば、抜擢《ばってき》人事の成功率は、一般《いっぱん》的に三、四割と言われていますが、実際に抜擢して仕事をさせてみると、意外にできることがけっこうあります。

しかも、なかには、見ていて「生意気《なまいき》だな」と思うような人ほどよくできることがあるので、本当に〝困る〟のです。

幸福の科学の例を挙げると、私の行事に随行《ずいこう》する秘書のなかに、いつも退屈《たいくつ》そうにしている人がいました。「こんな仕事は面白《おもしろ》くない。俺《おれ》はもっと大きな仕事ができるぜ」という感じで、礼儀《れいぎ》を知らず、ふてくされたような態度だったので、私は、「生意気な秘書だな。それなら、もう局長にしてしまおう」と言って、バーンと局長に抜擢してやらせてみると、局長の仕事ができてしまったのです。その後、その人は理事になりました（説《せっ》法《ぽう》当時）。

このように、意外な人材が、意外にできることがあるのです。

もちろん、ほかの人ができるようなことは、自分もできたほうがよいのですが、自分の個性や特徴《とくちょう》のようなものを無理に捨てる必要はないと思います。

若いころは誤解されやすい時期ではありますが、若い人には「誤解される権利」もあります。その「他の人と変わっているところ」が、自分の長所である可能性は極《きわ》めて高いので、それを見落としてはいけません。むしろ、それを「弱点だ」と思って、あまりくよくよしすぎることには問題があります。

「嫉妬《しっと》されても平気でいる」ことの力

また、頭が切れる人は口が悪いことも多く、ズケズケとものを言うために嫌《きら》われることがあります。

例えば、営業部門などで頭角《とうかく》を現してくる人などを見ると、上司や先輩《せんぱい》のいじめなどを受けることが多いようです。そういう部門は、たいてい数字で勝負をする世界なので、どんどん結果が出てくれば、みなが黙《だま》るようになることはあります。しかし、それまでの間には、人間関係で苦しむことが多いのです。

自分が悪い人間で、悪いことをしたために、他人《ひと》からいじめられるのであればしかたがありませんが、会社に貢献《こうけん》し、成功したことでいじめられる場合には、それを受けて立たなければいけません。

これは、いわゆる「嫉妬《しっと》」にしかすぎないものであり、この〝嫉妬の銃《じゅう》弾《だん》〟をかいくぐらないかぎり、出世というものはありえないのです。

嫉妬をする人にとっていちばん嫌《いや》なことは、「嫉妬されても平気な人」と出会うことです。逆に、「嫉妬されたらすぐに引っ込《こ》むような人」は、嫉妬をする人にとっては〝楽な相手〟なのです。嫉妬の銃弾を発射すると、亀《かめ》のようにパッと頭を引っ込めてくれるならば、「嫉妬したかいがあった」ということになり、仲良く〝平等〟に生きていけるわけです。

ところが、どんなに嫉妬されても平気な人は、やはり手強《てごわ》くて、そのうちに、嫉妬している人のほうが何か悪いような気がしてきます。そして、「他人に嫉妬している暇《ひま》があったら、自分ももう少し頑張《がんば》ってみようかな」と思うようになります。

そういう意味で、「嫉妬されても平気でいる」ということも、世の中に対する〝啓蒙《けいもう》〟の一つになるのです。

したがって、若いころに何か〝角《つの》〟が出てくるというか、飛び出してくるタイプの人には、人間関係や自分の人格についての悩《なや》みが多く、いろいろな苦労があるとは思いますが、「そういう自己認識が、意外に違《ちが》っている場合がよくある」ということを、述べておきたいと思います。

5

「恋愛《れんあい》」に表れるあなたの潜在意識《せんざいいしき》

「自分を振《ふ》る相手」を潜在意識が求めている？

「恋愛《れんあい》問題」等についても、若い人の場合、〝逆〟の結果になるような相手を選ぶことがよくあります。それは他人事《ひとごと》ではなく、実は私もそうでした。

何か高みを目指している人や、将来、何か大を成そうと思っている人は、異性から振《ふ》られやすいので気をつけてください。「振られやすい」という言い方には語弊《ごへい》があるかもしれませんが、そうした人には、「結婚《けっこん》や恋愛で自分が挫折《ざせつ》するような相手を好きになる傾向《けいこう》」がよく見受けられます。

それは、実を言うと、「自分の潜在意識において、断られる相手を探している」からなのです。男性であれば、要するに、手が届かないような「高嶺《たかね》の花」にぶつかっていく人が多いわけです。

なぜ、そのようなことをするのかというと、結局、自分を高めたいからです。つまり、本心では、「自分は、このままでは駄目《だめ》だ。もっと自分を高めたい」と考えているのです。

永遠に自分を高めていくには、どうしたらよいでしょうか。そのためには、永遠に手が届かない「永遠の女性」なるものがいればよいわけです。永遠の女性というのは本当はいないのですが、絶対に自分を断ってくれる女性であれば、永遠の女性になりうるので、まずは断られる相手を選びがちなのです。

そういう女性にぶつかっていけば、断られて、当然ショックを受け、心がえぐれます。そして、深く〝潜《もぐ》って〟、再び出てくるまでに数年、あるいは十年かかることもあります。その間《かん》、「自分は駄目なんだ。駄目なんだ」と、自分をいじめながら努力するわけです。

「自分を高めたい」と思っている人は、無意識のうちにこのようなプロセスを踏《ふ》むことがあるので、気をつけてください。

やはり、「失恋したから自分は駄目なのだ」などと思わないほうがよいと思います。自分を高めるために、無意識のうちに、うまくいかないような相手を選んでいることがよくあるのです。優《すぐ》れた人ほど、そういう傾向があることを私は知っています。

「小悪魔《こあくま》タイプの女性」の正体とは

それから、女性にも同じようなことがあります。ここでは、いわゆる「小悪魔《こあくま》タイプの女性」について述べてみましょう。これは、〝新しい法〟

です。

小悪魔タイプの女性というのは、男性にとって非常に悩《なや》ましい存在です。こういうタイプの女性は、往々《おうおう》にして魅力《みりょく》的なのです。

しかし、近づいていくと〝逆襲《ぎゃくしゅう》〟を受けるため、「嫌《きら》われているのか」と思います。そう思っていると、今度は逆に、「好かれている」ように見えてくる。こうして、男性が翻弄《ほんろう》され、弄《もてあそ》ばれる感じになります。

このような小悪魔タイプの女性がいるのですが、若い男性には、これがよく理解できません。この〝小悪魔〟の正体が不明で、いったいこれをどう見たらよいのかが分からないわけです。

しかし、その正体は意外に単純です。〝小悪魔〟とは、非常にプライドが高い一方、非常に大きな劣等《れっとう》感を持っているタイプの女性なのです。

そういう女性は、非常に「自尊心」や「プライド」が高いのですが、もう一つ、非常に大きな「劣等感」も持っていて、その両方が本人のなかで交錯《こうさく》しています。それらが交互《こうご》に出てくるため、男性が迫《せま》っていくと、猫《ねこ》がネズミを弄んでいるような感じになってしまい、男性のほうは何が何だか訳が分からなくなるのです。

女性のほうも、自分が小悪魔的なタイプであることはよく分かるのですが、「どうすれば〝小悪魔〟でなくなるか」ということが分からないので、つい、そのようなことをしてしまうわけです。

こういう女性の場合、「自分は非常に自信がある一方で、深い劣等感を持っているために、そのようになっているのだ」ということを知っておいたほうがよいと思います。

そのような自己像をはっきりと知ることによって、もう少し「素直《すなお》な自分」というものを外に出すことができるのです。

「恋愛《れんあい》成功の秘訣《ひけつ》」を一言《ひとこと》で言うと

「私はこんな人間です」ということを素直に出すことができたなら、誤解されないような人間になることができます。

やはり、「相手を理解できる」ということが、恋愛《れんあい》で成功する秘訣《ひけつ》の一つなので、お互《たが》いに理解し合えるようになることが大事です。「お互いに誤解し合い、相手を理解できない関係」は、あまり幸福ではありません。

こうした問題をブレイクスルー（突破《とっぱ》）して切り抜《ぬ》けるためには、やはり、「新しいものの見方」を発明しなければならないと思います。

これも、「創造性」の一面です。

6 「思い」が実現するメカニズム

「答えがフッと湧《わ》いてくる瞬間《しゅんかん》」とは

創造性の本領は、作家等の物書きや、新しいビジネスをつくっていく人などのところで発揮されると言えます。

私も、本を数多く書いたり、自分が企画《きかく》して、いろいろな事業を展開したりしているので、実際は〝創造性の塊《かたまり》〟です。私が現在までに出した、万を超《こ》えるアイデアの塊が幸福の科学なのです。

アイデアを出すための根本《こんぽん》は、「毎日毎日、考え続ける」ということです。常に考え続け、たとえ何かほかのことをしていたとしても、その問題意識を失わずに、いつも持っていなくてはなりません。「その答えがいつ出てくるか」ということは分かりませんが、そういう問題意識を持ち続けていることが大事なのです。

問題意識を持ちつつ、何か別なことでもよいのですが、一生懸命《いっしょうけんめい》に努力をしていると、あるときフッと答えが湧《わ》いてくることがあります。そういうことが、私には繰《く》り返し何度もありました。

「瞑想《めいそう》」や「祈《いの》り」のすごい効果

特に、幸福の科学の会員のみなさんは、「瞑想《めいそう》」や「祈《いの》り」を行《おこな》っていると思いますが、「瞑想や祈りには、本当に力があるのだ」ということを知っていることは、当会の会員の強みだと思います。

私にとっても、二十代の若いころに「心の力の秘密」をマスターしたことが、とても大きかったのです。「心のなかで本当にありありと思い描《えが》き、『実現しよう』と思うと、現実にそのようになってくる」ということを「知った」というか、「悟《さと》った」というか、「つかんだ」ということが、非常に大きかったと思います。

たいていの人は、その考え方を〝固定〟し、〝グッと握《にぎ》る〟ことができないために、それを現実化できずにいることが多いのです。

私は今、霊言《れいげん》の収録などの霊現象を行っていますが、あらゆる霊人《れいじん》を、ほとんど数秒の間に呼び出すことができます。これは、「私の思いや声が、霊界《れいかい》も含《ふく》め、地球上のどこにでも届く。私の念が相手に届いている」ということです。「想念の世界」とは、そういうものなのです。

もし、あなたが、何かについて、「事業を始めよう」「アイデアを実現しよう」と強く思い続けているならば、そういう想念を発信し続けていることになります。

「霊言《れいげん》」の仕組み

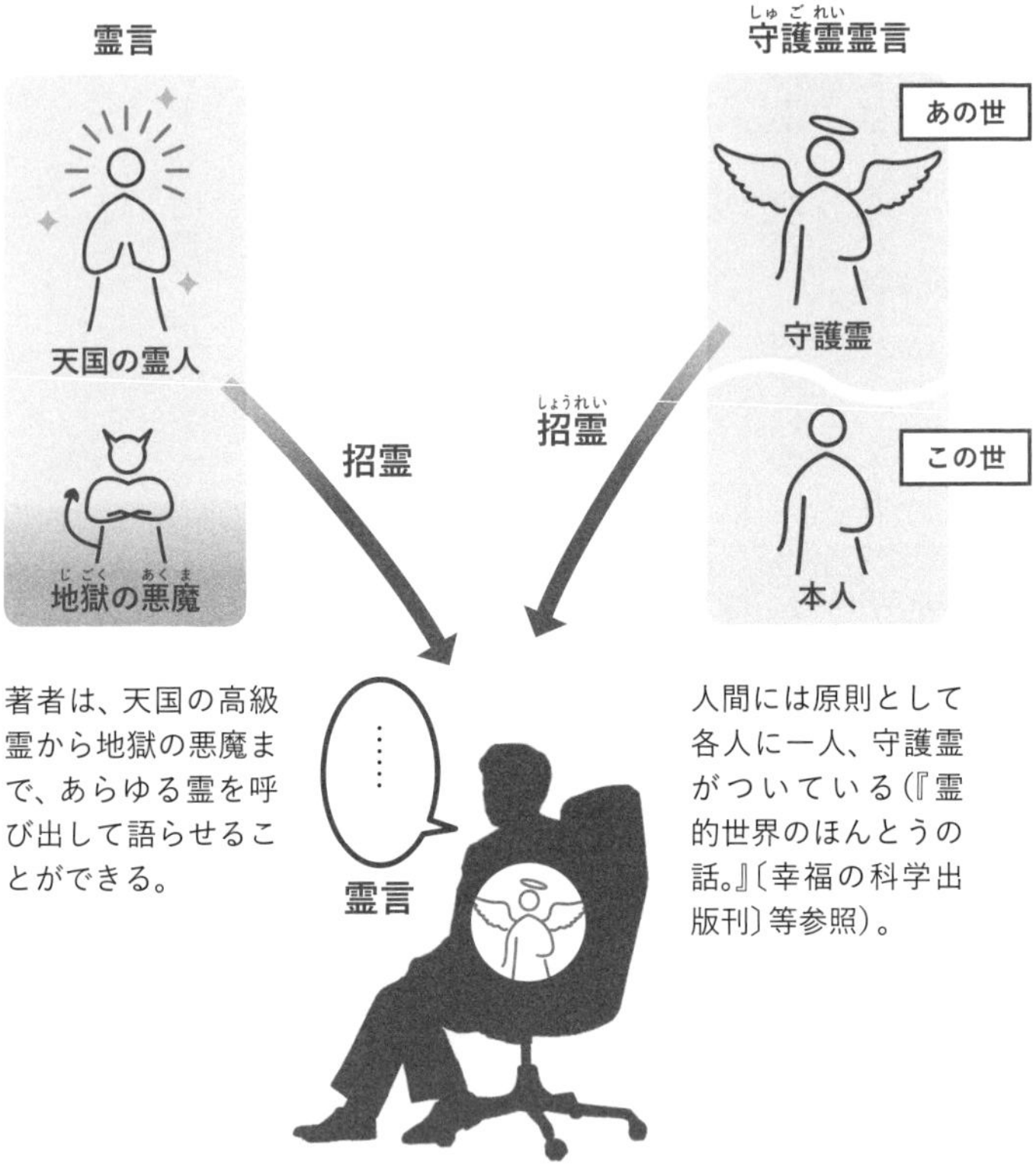

「霊言」とは、高度な悟《さと》りを伴《ともな》う霊能力によってあの世の霊を招き、その言葉を語り下ろす神秘現象のこと。トランス状態になって意識を失い、霊が一方的に語る「霊媒《れいばい》現象」とは異なる。霊言収録回数は780回以上に上《のぼ》り、それらを書籍《しょせき》化した公開霊言シリーズは450書を超える(2018年5月18日時点)。

そうすると、それをキャッチする人が必ずいて、その人が、あなたのビジネスの相手や協力者になったりします。あるいは、あなたが芸術的な仕事をする場合には、それを助けてくれる人が現れてきたりするのです。

瞑想《めいそう》で「アイデア」を、祈《いの》りで「協力者」を得る

「心の世界においては、本当に、思いが一瞬《いっしゅん》で相手に通じる」ということを、私は今、さまざまな現象で示していますが、これが瞑想《めいそう》や祈《いの》りの世界で現実に起きていることです。

瞑想は、どちらかというと「念波《ねんぱ》を受け取る」ほうであり、世界中のいろいろな人の念波や、あるいは、自分と特別な関係のある霊人の思いなどが入ってきます。幸福の科学の会員の場合には、当会の指導霊団《しどうれいだん》から指導を受けることもあります。

このように、瞑想は非常に「パッシブ（受け身）」なものですが、これも、アイデアを得る行為《こうい》の一つとして重要なものです。

一方、祈りは「積極的な行為」であり、自分のほうから「念波を発信する行為」です。私が霊現象等で行っているのと同じように、みなさんが祈っても、その祈りは数秒で全世界を駆《か》け巡《めぐ》ります。インターネットの情報だけではなく、「思い」も世界中を駆け巡っているのです。

私が日本から発信している思いは、アメリカにも、オーストラリアにも、アフリカにも、ヨーロッパにも届きます。どこの誰《だれ》がキャッチしているかは分かりませんが、私から発信された思いは、必ず誰かに届いているのです。そして、しばらくすると、その人が当会の活動に参加して、協力者として現れてきます。

「このようにしたい！」と思っていると、それが実現してくるのです。

「瞑想《めいそう》」と「祈《いの》り」の違い

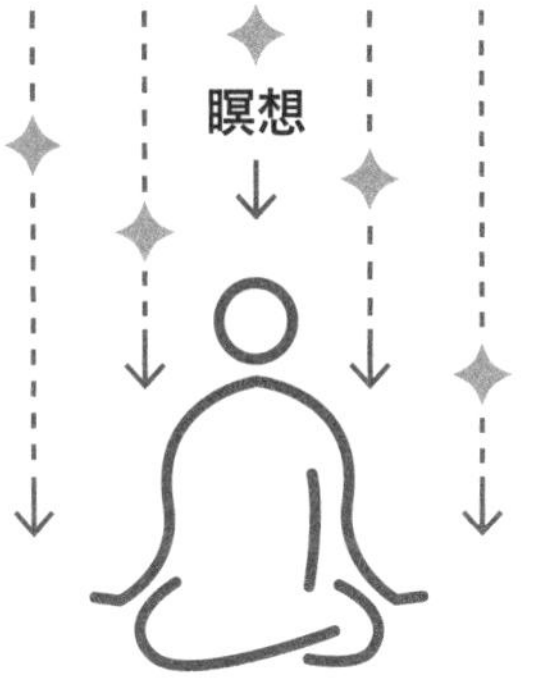

パッシブ（受け身）

念波《ねんぱ》を受け取る

積 極 的

念波を発信する

POINT 波長同通《はちょうどうつう》の法則

人間の心からは、その心境に応じて一定の電波のようなものが発されており、「同じような波長を持つ者同士は相通《あいつう》じ合う」という「波長同通の法則」が働いている。

「瞑想」や「祈り」も、自他の幸福を願う気持ちや、感謝の思いで行えば天国に通じるが、「自分さえよければいい」という思いや他人の不幸を願う心で行えば、地獄《じごく》の悪霊《あくれい》・悪魔《あくま》などに通じる可能性がある。天国と同通する感覚が持てるまでは、幸福の科学の支部や精舎《しょうじゃ》等において、導師の指導の下《もと》で行うことをお勧《すす》めする。

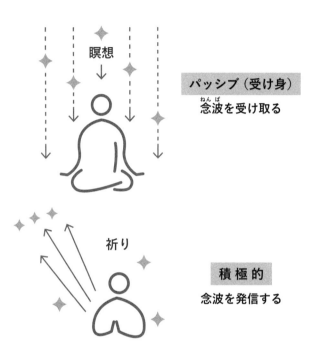

7 「心の力を使う方法」をマスターせよ

「瞑想《めいそう》」や「祈《いの》り」の力をどう使うか

「このようにしたい」という思いを実現する力は、昔からある「魔術《まじゅつ》」と同じです。魔術には白《しろ》魔術や黒《くろ》魔術がありますが、これは、よいほうにも悪いほうにも使える力です。私は、できるだけ物事をよい方向に持っていきたいので、みなさんが、「心の力」をよいほうに使ってくださることを願っています。

例えば、犯罪のほうにフォーカス（焦点《しょうてん》を合わせる）して、「あそこの金庫は、どうやったら破れるのか」と考え、犯罪実現のために瞑想《めいそう》を使うのであれば問題です。これは〝ルパン三世の世界〟です。

大泥棒《おおどろぼう》になるために、「厚さ一メートルの鉄の金庫を破るには、どうしたらよいか。地下から掘《ほ》っていけばよいのか」などと考え、それに関する瞑想をする人もいるかもしれませんが、そういう使い方はよくありません。金庫破りをするのではなく、きちんとした正当な仕事、ビジネスで、何億円、何十億円と儲《もう》けてほしいと思います。

そのように、心の力を正しい方向に使いながら、瞑想や祈《いの》りを実践《じっせん》していくことによって、みなさんは、いろいろなことを実現していくことができます。

これが現実のことであるのは、あとになればなるほど分かってくるのです。

実社会で成功する人の「心の力」の使い方

本当に、「思い」は現実の力です。「瞑想」も力であり、「祈り」も力です。また、頭のなかに描《えが》く「イマジネーション」も現実の力なのです。

これらはすべて、学校の試験では測れない力です。学校の試験で測れるものについては、受験によって一定の判定が出るので、「能力的には、だいたいこの程度」ということは分かると思います。

しかし、実社会に出ると、学校の試験では測れない「心の力」が加味されてくるため、試験の結果とは違《ちが》う展開が現れてきます。学校での評価とはまったく違う人材が出てきて、成功したりするのです。そういう人は、「心の力の使い方」を知っている人です。

特に、心のなかで「富の形成」をイメージし、「富をつくる」ということを願った人には、そのための仕事が与《あた》えられるようになります。また、「人間関係を広げたい」という思いを強く持っている人には、そのようなことが現実に起きてきます。

したがって、「心の力を使う方法をマスターする」ことが、実は、「悟《さと》りへの道」でもあり、それは、その人に許される範囲《はんい》内で、誰《だれ》にでも可能になっています。ただ、そういう「心の力」があることを知らない人には、それができないのです。

こうしたことが可能なのは、「ハリー・ポッター」の世界だけではありません。主人公のハリー・ポッターが小さな杖《つえ》を振《ふ》ると、心で思ったことがドーンと実現しますが、実は、あのような杖は必要ではないのです。心・・・・・の力だけで、いろいろなものが実現していくのです。

これを私も目《ま》の当たりにしています。「幸福の科学を世界宗教にする」

「仏法真理《ぶっぽうしんり》を全世界に広げる」「地の果てまでも伝道せよ」と言っていると、じわじわと、そのようになってきています。

今、幸福の科学の教えは百カ国以上に広がっています。二百カ国まで広がるのは、もうすぐです。本当に地の果てまで行き、〝ペンギンに伝道〟する日は近づいていると思います。

若者には「創造的人間になる可能性」が秘《ひ》められている

何かを創造するためには、まず「考え方」を出して、次に「心の力」を信じることが大事です。

その際、その「思い」が純粋《じゅんすい》であればあるほど効き目も大きくなるので、「若さ」は決して障害にはなりません。むしろ、「若い」ということは、みなさんの可能性が非常に大きいことを意味しています。

したがって、自分の能力を限定したり、劣等感《れっとう》に悩《なや》んだりすることなく、「思いは実現していくのだ」ということを知ってください。

ただ、そういう「心の力」を知ったとしても、学校の勉強やクラブ活動などいろいろなことで、自分や他の人がこの世的に努力して出した実績そのものは、否定しないでいただきたいのです。その時点で頑張《がんば》ったことは正当なことなので、それに関しては、客観的な評価として認めてください。

しかし、それ以外の力を発揮すれば、足りないところを補って、さらに前に進むことができるということを知ってもらえれば幸いです。

青年の日に、失敗や挫折が多いのは、
単に知らないことだらけだからだ。
知識と経験が不足しているためだ。
願望実現の法則や、
信仰が間違《まちが》っているからではない。
何事も、三日坊主《ぼうず》では成し遂《と》げることができない。

心で深く思ったことを実現するためには、
勉強でも、運動でも、仕事でも、
静かなる持続が必要なのだ。

まずは三年。
つぎに十年。
そして、二十年、三十年と励《はげ》み続けよ。
あなたは、理想の大地を踏《ふ》みしめているだろう。

心の指針 1

静かなる持続

思っても、実現しないことが多い、とか、

願っても、失敗して傷ついた、とか、

様々な挫折《ざせつ》体験をして、

思いの継続《けいぞく》を忘れていく人は少なくない。

いや、百人のうち、九十九人までがそうかもしれない。

希《ねが》ったことが叶《かな》わないので、

信仰心《しんこうしん》を放棄《ほうき》する人もいる。

まことに残念である。

そういう人たちは、

いったんは、門の前まで来たのだ。

しかし門をくぐることができないで、

引き返していったのだ。

これを退転《たいてん》という。

Chapter 2

How to Power Up Your Intellectual Strength

「知的体力」増強法

人生を逆転させる読書術

1

知的劣等《れっとう》感は克服《こくふく》できる

「知的体力増強法」というタイトルの意味

本章のもとになった「知的体力増強法」という講演タイトルは、ややこしい日本語ですが、これは私が付けたタイトルではありません。「若者向けの話として、どんな内容のものを聴《き》きたいですか」と募集《ぼしゅう》をかけたところ、このようなタイトルが出てきたのです。

「知力増強法」であれば分かりやすいですし、「体力増強法」もよく分かりますが、「『知的体力増強法』とは何ぞや」ということです。まるで禅問《ぜんもん》答《どう》のようであり、「この意味を一時間考えてください」と言って、研修ができるかもしれません。

私も、その意味をいろいろと考えてみましたが、これを英語で言えば、“Power《パワー》 Up《アップ》 Your《ヨア》 Intellectual《インテレクチュアル》 Strength《ストレングス》” ということでしょう。日本語に訳すと、「あなたの知的な強さを、さらに増強するには」といったところでしょうか。日本語で意味を取ろうとすると理解が難しいのですが、英語的に捉《とら》えれば、意外に分かりやすいところがあります。

学生・青年期は「自分は頭が悪い」と悩《なや》むもの

そのように、大学生を中心に若い人たちが疑問に思っていることについてアンケートを取ってみたところ、「知的な側面」に重点を置いた質問が多かったのです。

勉強の仕方に関して、「重要な部分を、どのようにして選び出せばよいのか」「『八割二割の法則』と言われるけれども、重要な二割をどのように

●**八割二割の法則**　「全体のなかの重要な二割が、成果の八割を生み出している」とする理論。パレートの法則とも言う。『仕事と愛』(幸福の科学出版刊)等参照。

して見抜《みぬ》けばよいのか」「集中力をつけるには、どうしたらよいのか」といった質問がわりに多かったように思います。

「頭を強くする」ということについて、最近では、「脳力を鍛《きた》える」という言い方をすることもあるので、そういうイメージもあるかもしれません。

私の率直《そっちょく》な感想として、大学生前後の年齢《ねんれい》の人は、同級生や一、二年違《ちが》いの人と自分自身の能力とを引き比べ、「世の中には、ずいぶん頭のよい、天才のような人がいるものだな。それに引き換《か》え、わが頭の、このラクダのごとき歩みよ」と感じていることが多いのではないかと思います。

「駄馬《だば》よ、もっと速く走れ！」「〝夏休みに入ってしまいそうな頭〟をどうにかできないものか」などと感じているのではないでしょうか。

かく言う私も、実はそうだったのです。みなさんとまったく同じで、「この頭は、どうにかならないか。トンカチか何かで後頭部を叩《たた》いたら、もう少し頭がよくなるのではないか」などと考えていました。

私は四国出身であるため、東京育ちでエリート校から上がってきたような人たちを見ると、ずいぶんスマートな雰囲気《ふんいき》があり、頭がよさそうに見えました。それに対して、「自分のように田舎《いなか》のほうから泥臭《どろくさ》く上がってきた人間は、生まれつき、かなり頭が悪いのではないか」と感じたのです。

そして、「無理をして泥亀《どろがめ》のように這《は》い上がってきて、何とか彼らと同じところにいるけれども、本当は場違いなところにいるのではないか。分《ぶん》不相応《ふそうおう》の勉強をして、場違いな授業を聴いているのではないか。そういう非常に申し訳ないことをしていて、もしかしたら国税の無駄遣《づか》いをしているのではないか」というような不安に駆《か》られたことを覚えています。ほかの人たちは、もう少し要領がよくて、何でも知っているような感じを受けていたのです。

間近で見た「天才」「秀才《しゅうさい》」と言われる人たちの実態

ただ、その後、いろいろ経験してみると、世の中には、「目の覚めるような天才」というのは、どうもいないようなのです。周りから「天才」と言われるような人は、ほとんどの場合、誤解に基《もと》づくものであり、その人をよく知らないために、一面だけを捉えて、そのように見ているだけであることが多いのです。

その人の生活や勉強など、過去の歴史をいろいろと辿《たど》っていくと、「そうなるべくして、現在そうなっている」ということが多く、「もともとの能力には、それほど極端《きょくたん》に個人差があるものではなさそうだ」ということが分かってきました。

「ものすごく勉強がよくできるな」と思う人でも、試験が終わったらケロッと全部忘れてしまうような人を、私はたくさん見てきました。「これが秀才《しゅうさい》の正体か」と、あっけに取られるのですが、「本当にそんなことがあるのか」と思うほど、試験が終わったとたんに、勉強した内容が〝消えて〟しまうのです。「試験の日だけは覚えている」という人がたくさんいました。

本当に「勉強を愛している人」「学問を愛している人」であれば、そのようなことはあってはならないことです。「試験が終わったとたんに忘れてしまって、もう覚えていない」というような人は、勉強を単なる通過点としてしか見ていないということでしょう。

私は、それまで、「自分の歩みはのろい」と思っていたのですが、「意外に、自分に正直に勉強していた面はあったのかな」と思い直しました。私は、「自分自身の力になっているかどうか」という点を常に考えていたのです。

「秀才《しゅうさい》に勝つ」ための、たった一つの方法

私が二十歳《はたち》前後のときに、最初に得た悟《さと》りは、「能力的に差があると感じる場合に、相手に勝つ方法は一つしかない」ということです。

親の違いによって、ある程度、頭のよし悪《あ》しの差はあるかもしれません。優秀《ゆうしゅう》な親から生まれた子と、凡庸《ぼんよう》な親から生まれた子が、たまたま同じ学校で勉強している場合があるので、そういう場合は、「もとから違う」と言えるかもしれません。

しかし、それでも勝つ方法が一つだけあるのです。

それは何であるかというと、「その人よりも、本を多めに読むこと」です。これによって勝てるらしいということが分かりました。結局、「知識

の量」に一定の差がつくと、相手が勝てなくなる地点があるのです。「もう、その人には勝てない」という不可逆的な地点があるわけです。

少しの差であれば、頭のいい人のほうが〝切れ味〟がよいのですが、「一定以上、勉強や知識の量に差がついてくると、もう引っ繰《く》り返らなくなる地点があるらしい」ということが分かってきました。

その地点まで到達《とうたつ》するためには、数学や物理などの理系の世界では、知識の量とは多少違うものもあるかもしれませんが、「一般《いっぱん》教養」やいわゆる「文系的な学問」の領域では、「十年ぐらいの蓄積《ちくせき》量《りょう》の差があれば、もはや力量的に逆転できなくなる」ということが自分なりに分かりました。

したがって、「自分は頭が悪い」と思ったら、「本を読むこと」が大事だと思います。

最初は劣等《れっとう》感を持っているかもしれませんが、本を読んで知識が増えていくにしたがって、その劣等感が次第《しだい》に薄《うす》らいでいきます。他人《ひと》と競争をして、「自分は劣《おと》っている」ということばかり考えていた状態から、いつの間にか、「勉強そのものに没頭《ぼっとう》している自分」を発見するようになるでしょう。

要するに、これは、「自分自身との戦い」にしかすぎないのです。他人との戦いではなく、自分自身との戦いであり、「自分が、その方面の勉強に関して、どこまで要求していくか。どこまで求めていくか」ということが大事なのです。それが実力となって表れてくるのです。

知的劣等《れっとう》感を克服《こくふく》する方法

凡人《ぼんじん》が秀才《しゅうさい》に勝つための

たった一つの方法

＝

本を多く読む

＊大事な本は繰り返し読む
ことも大切

「知識の量」に一定の差がつくと、
秀才にも勝てる。

↓

劣等感が薄らぎ、
「勉強そのものに没頭《ぼっとう》」するようになる。

↓

「他人との競争」が

「自分自身との戦い」に！

2

凡人《ぼんじん》を「賢《かしこ》い人」に変える勉強法

賢い人をつくる「見切り」と「絞《しぼ》り込《こ》み」の効果

世間《せけん》の人はみな、レオナルド・ダ・ヴィンチ型の「万能《ばんのう》の天才」のような人に憧《あこが》れますが、実際には、そのような万能の天才はほとんどありえないのです。

みなさんには、私がいろいろなことを同時に行《おこな》っているように見えるかもしれませんが、実態はそうではありません。

実は、一つひとつの仕事を、レンガやブロックを積み上げるようなかたちで行っています。「一つの仕事を固めて、それを広げたら、次の仕事にかかり、またそれを固める」というようにして積み上げているのです。

「一つの仕事を固めて仕上げていく速度」が比較《ひかく》的速いために、同時にいろいろなことを行っているように見えているだけで、現実には、同時にいろいろなことはできません。実際は、やはり、一つひとつ仕上げていくしかないのです。

「一つのことを、どの程度の時間をかけて、どのくらいまで掘《ほ》り下げていくか」ということが大事であり、幾《いく》つものことに同時に手を出しても、それらが身につくことは、ほとんどありえないのです。それを知っておいてください。

若いうちから、この「見切り」をよく知っている人が、実は「賢《かしこ》い人」になり、これが分からない人は「賢くない人」になっていくわけです。

自分の能力を過信している人は、何でもかんでも、いろいろなものに手を出し、結局、何一つ身につくことなく終わってしまいます。

これに対して、「自分の頭は大したことがない。今までの実績を見ても、周りからの評判を見ても、『天才』などとはほど遠い世界に生きていることは分かっている。『凡才《ぼんさい》』が生きていく道は、ある程度、絞《しぼ》り込《こ》みをし、一定のものをマスターしていくしかない」と悟《さと》った人のほうが、実は成果をあげていき、成功の道に入っていくことが多いのです。

「一年間に四種類の分野を究《きわ》める」としたら

これは、「人間の持っている時間は同じであり、能力の差もそれほど大きくはない」ということと関係があります。同時に幾つものことをしようとすると、エネルギーが散ってしまい、どれも完成に至らないことが多いのです。

例えば、「一年間に四種類の分野を、ある程度、究《きわ》める」というようなことを決めたとしても、同時にはなかなかできないものなので、「一つの分野につき、三カ月ぐらいかけてマスターする」というやり方をするわけです。それで、一定のレベルまで行くと、ある程度、全体が分かってくるところがあります。

「自分は経済が苦手《にがて》だから、何とか、他の人と経済の話ができるぐらいになりたい」と思う場合、三カ月か、人によっては半年ぐらい集中して、経済の本や記事などを中心に読んで勉強し、一定のレベルまで行くと、だいたい全体が見えてくるようになるわけです。

そのように、ある程度、一つの分野を固めて、「ここからは、もう下がらない」というレベルまで行ったら、ほかの分野に移っていくようにするのです。「経済を勉強して、ある程度マスターしたけれども、やはり、経済だけでは駄目《だめ》なので、政治も少し勉強したいな」と思ったら、また集中して政治を勉強していくようにします。

やはり、勉強はブロックを積み上げていくようなかたちで、ある程度、一つの分野を固めてから、次に進んでいくことが大事です。同時にいろいろなことをやろうとすると、どれも〝うっすら〟としたままで、完成しないままに終わってしまうことがよくあるのです。

語学をマスターするには「ストイックさ」が必要

それは、「語学」においても同様です。普通《ふつう》は、マスターできるのは、せいぜい二、三カ国語ぐらいが限度であり、よくできる人でも四カ国語か五カ国語までです。「それ以上できる」と言う人もいますが、ほとんどは〝趣味《しゅみ》の世界〟であり、どれも、ものになっていないことが多いのです。

現実には、それほどはできないものです。

幾つかの言語を知っていることは、もちろんよいことですが、英語一つをマスターするのも、それほど簡単ではありません。

英語をマスターしようと思ったら、ある意味、ストイックでなければならず、ほかのものは、ある程度、断念しなければなりません。同時にほかの言語を勉強する場合でも、その言語については「簡単な会話ができるぐらいのレベル」で抑《おさ》えておき、とりあえず、「英語を、きちんと使えるレベルまでやり込む」ということを決める必要があります。

どれも同じぐらいできるようになろうとすると、現実には、膨大《ぼうだい》な時間がかかってしまい、結局、ものにならないことが多いのです。

ある意味で、「自分の能力には限界がある」と思って対象を絞り込んだ人のほうが、実は、能力の限界がないかのように、たくさんの勉強や仕事ができるようになり、反対に、「自分は何でもできる」と思っているような人は、実際には、どれもできなくなってくるということがあるわけです。これを知っておいたほうがよいと思います。

多様なジャンルを勉強するコツ——強弱をつける

私は今、多様なジャンルについて、さまざまな知識や教養を持っています。自分が関心のあるものをいろいろと勉強してきました。ただ、「マスターする」というレベルまで行くには、やはり、ある程度、その分野に集中して勉強することが必要でした。そのことは、正直に述べておきたいと思います。

そのとき、「強弱をつける」ということが大事なのです。

ほかのものも勉強しなければいけないので、「一つの分野以外のものは何も読まない」というわけにはいきません。そこで、「勉強する対象に、強弱をつける」ということが大事になるのです。

3 自分の適性・才能を見極《みきわ》める方法

「学部の向き不向き」は入ってみないと分からないもの

それから、「好き嫌《きら》い」というか、才能的に見て、「向き不向きの適性」というのは、どうしてもあります。

大学に進学する際には、学部を選択《せんたく》します。偏差値《へんさち》で選んだか、就職の人気の高さで選んだかは分かりませんが、本当は、その選んだ学部が向いている人と向いていない人とがいるのです。

ただ、学部の向き不向きというのは、入ってみないと分からないことが多く、事前にはなかなか分からないものです。

例えば、医学部に入った人のなかには、「血を見たら引っ繰《く》り返る」という人もいます。そういう人は、単に、「偏差値が高いし、医者は収入も高い」という理由だけで医学部に入ったのでしょう。

医学部には、「解剖《かいぼう》を見て卒倒《そっとう》しそうになった」という人が三分の一ぐらいはいるようですが、はっきり言って、そういう人は医者に向いていないので、医学部に行くべきではなかったのです。

要するに、自分の偏差値が高かったために医学部へ行ってしまったのでしょうが、やはり、解剖が好きで、〝魚屋〟ができたりするぐらいの人でなければ、本来はあまり行くべきではないと思います。

法律の勉強に向いていなかったことが幸いしたゲーテ

古い例で言えば、ゲーテという●ドイツが誇《ほこ》る文豪《ぶんごう》がいます。彼は詩人であり、芸術家でもありますが、実は、大学では法学部に入って法律の勉強

● **ゲーテ**(1749-1832)　ドイツの詩人、小説家、劇作家。ワイマール公国の宰相としても活躍。25歳で発表した『若きウェルテルの悩み』がヨーロッパ各地で高い評価を得、ドイツ文学史上の一時代を築く。代表作に『ファウスト』などがある。

をしていたのです。

しかし、〝幸い〟なことに、親の期待に反して、彼は法律の勉強があまりできませんでした。法律を勉強しても、全然、面白《おもしろ》くなく、頭に入ってこなかったのです。そこで彼は、法律以外の文学や芸術、その他の雑学のほうに手を出して、「教養」を身につけていきました。その結果、そちらのほうが、あとで実りを生んだわけです。

法律のほうの才能はあまりなかったのですが、彼の場合は、それがかえってよかったのです。もし、法律の勉強がよくできたならば、感性のほうが死んでいった可能性は高いでしょう。

そういう意味では、ゲーテの場合、「見切った」というよりも、学問のほうから「見切られた」のかもしれません。そのように、学問との巡《めぐ》り合わせがうまくいかず、相性《あいしょう》がよくなかった場合には、必ずしも「頭が悪かった」とは言えません。

今、「ゲーテは頭が悪い」と言う人はいないでしょう。彼は、ドイツでも屈指《くっし》の天才です。ただ、「学問的に、法律には向いていなかった」ということです。

そのように、自分のほうが見切ったのか、学問のほうに見切られたのかは分かりませんが、できなかったことが幸いし、「〝副業〟として自分の好きなことをやっていたものが、実りを生む」という幸運もあるのです。

東大法学部卒とは思えない三島由紀夫《みしまゆきお》の小説

また、日本では、三島由紀夫《みしまゆきお》という作家がいます。彼は東大法学部卒で私の先輩《せんぱい》に当たるのですが、本名を平岡《ひらおか》と言い、私の学生時代には、法学部の授業で先生が、「平岡君の答案は、それは見事なものでしたね」など

●**三島由紀夫**（1925-1970）　小説家、劇作家。幼少時から創作活動を始め、16歳のときに「文藝文化」誌上で小説「花ざかりの森」を発表。代表作に『潮騒《しおさい》』『金閣寺』『憂国』『豊饒《ほうじょう》の海』などがある。晩年は民兵組織「楯《たて》の会」を結成し、右翼的政治活動に身を投じた。

と言っていました。

ただ、文名が上がり、作家として有名になってから、そのように言うのは簡単ですが、答案を読んだときに、本当にそう思ったかどうかは少し怪《あや》しいと思います。本当は、「私が教えた」ということを言いたいだけなのでしょう。

その先生は、「彼の答案は見事でしたね。いつも、とても立派な答案を書いていました」と言っていましたが、三島由紀夫の書いた小説を読むかぎり、「法学部の卒業生」ということが微塵《みじん》も感じられません。法律を勉強しなかった人とほとんど同じぐらい、まったく跡形《あとかた》もないのです。

普通《ふつう》、法律の勉強をしたら、小説を書こうと思っても、あまり面白いものは書けなくなります。犯罪小説以外は書けないと見てよいでしょう。「犯罪者を逮捕《たいほ》し、裁判をして、刑務所《けいむしょ》にぶち込《こ》む」というような内容の小説なら書けるかもしれませんが、それ以外はだいたい駄目《だめ》です。専門性が強くなりすぎて、面白くなくなるのです。

しかし、三島由紀夫の小説を読んでも、そういう印象はまったく受けないので、彼が本気で法律を勉強していなかったことは、ほぼ明らかです。ただ、法学部の先生は後追いで、「立派な答案だった」などと言っていました。

現在、東大では、私のことをどのように言っているかは知りませんが、もしかすると、「大川隆法の答案は、全然、字が読めなかったなあ」などと言われているかもしれません(笑)。

「才能を開花させる」ために必要なこと

少し脱線《だっせん》しましたが、要するに、「才能というのは、相性のよいものと出合わないと、なかなか開花しない」ということです。

私は法律等を勉強しましたが、どちらかといえば、思想的なもののほうに惹《ひ》かれる傾向《けいこう》が強かったので、「ズバリ当たった」という感じはしませんでした。

実際、今の仕事においては、学生時代に本業の勉強以外に趣味《しゅみ》で読んでいた本や、社会人になってから帰宅後に読んでいた本の影響《えいきょう》が、とても大きいと感じています。

4

あなたの愛読書は何冊あるか

二十代のときに読んだ本の影響力《えいきょうりょく》

今にして思うと、私は、二十代のころは非常に記憶力《きおくりょく》がよく、学生時代に読んだ本や、卒業してから五年ぐらいまでの間に読んだ本については、何十年たっても、その内容を実によく覚えています。

その後、ずいぶん多読をしましたが、忘れるのも早く、むしろ、それより昔の「古い記憶の層」にあるもののほうをよく覚えているのです。

若いころに、なけなしのお金をはたいて買って読んだ本のほうが、内容をよく覚えていて、私の人生観や考え方に大きな影響《えいきょう》を与《あた》えています。何十年もたってから昔の本を読み返してみると、そうとう影響を受けていることが分かります。

その当時の、学校の勉強や職業には直接つながらないような読書の場合、見栄《みえ》などではなく、「純粋《じゅんすい》な興味・関心」で読んでいるので、頭によく入っているのです。

宗教の勉強も、社会人になり、会社勤めをしながらやりました。会社の仕事とは全然違《ちが》う内容なので、息抜《いきぬ》きと趣味《しゅみ》とを兼《か》ねて読んでいたのですが、そのころに読んだものが、やはり、現在の力になっています。

電子書籍《しょせき》にはない、紙の本だけが持つメリット

若いころは、読書に関して、本を買うお金と、本を置く場所、本を読む時間という、「お金」と「場所」と「時間」の三つの問題で、ずいぶん悩《なや》みました。この三つをなかなか拡張することができなかったので、ほかの

人よりも、多少なりとも有利な立場に立つことができずにいたのです。三十歳《さい》近くまで六畳一間《ろくじょうひとま》から抜け出せなかったため、かなりつらい思いをしました。

今であれば、ｉＰａｄ《アイパッド》などの情報端末《たんまつ》があり、電子書籍《しょせき》で楽に読めるので、蔵書《ぞうしょ》は要《い》らないかもしれません。そうしたものは、本の置き場がない人にとっては非常に有利なものなので、ないよりはあったほうがよいと思います。しかし、明らかに弱点もあります。

やはり、本の持ついちばん大きな魅力《みりょく》は、「自分が読み込《こ》んだ本は、何十年たっても使える」というところにあります。「自分が実際に手で赤線を引いた本を持っていることの威力《いりょく》」は、かなり大きいのです。

例えば、二百ページの本を読むのに、一回目は三時間かかったとしても、大事な箇所《かしょ》に赤線を引いておけば、二回目に読むときは、その赤線を引いたところだけを読んでいけばよいのです。そうすると、所要時間は、一回目のときの十分の一ぐらいの時間で、だいたい、その本の要点をマスターすることが可能になります。

そして、二回目、三回目と繰《く》り返し読んでいくときに、その赤線を引いた箇所のなかで、さらに重要な内容については、上の余白に弓形《ゆみがた》のオーバーラインを引いたり、赤丸や二重丸などを付けたり、黄色や青や赤などのマーカーを引いたり、あるいは、色の付いた付箋《ふせん》を貼《は》ったりして、自分なりに印を付けておくのです。これは、受験参考書の勉強の仕方に似ているかもしれませんが、こうすることで、さらに時間を節約することが可能になります。

一回目に読むときには、何時間もかかるでしょうし、本によっては十時間以上かかるものもあると思います。しかし、二回目、三回目に読むとき、

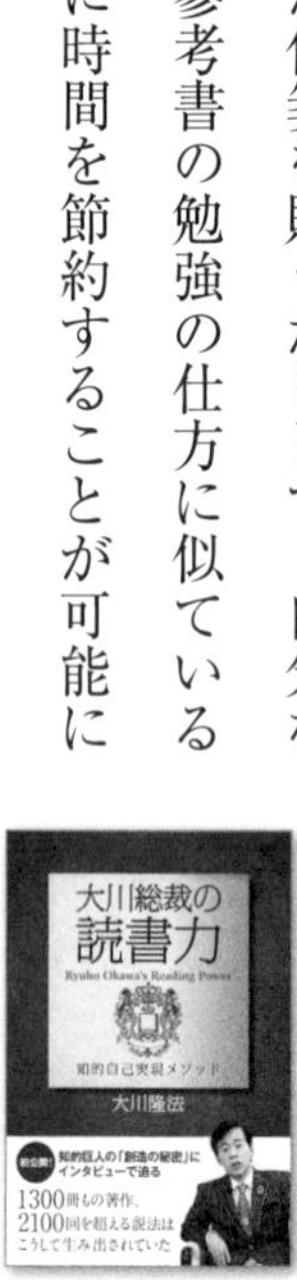

cf.『大川総裁の読書力』（幸福の科学出版刊）

「使える本」をつくる読み方の例

1回目

大事な箇所《かしょ》に
赤線を引きながら読む。

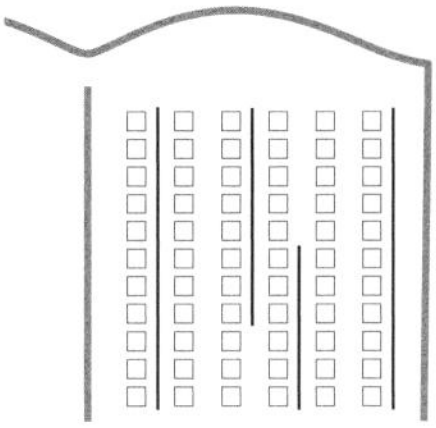

2回目

赤線を引いた箇所で、とくに重要な内容に印を付ける。

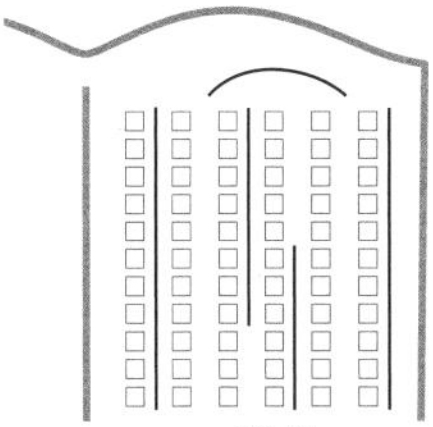

例１ 余白に弓形《ゆみがた》の
オーバーラインを引く。

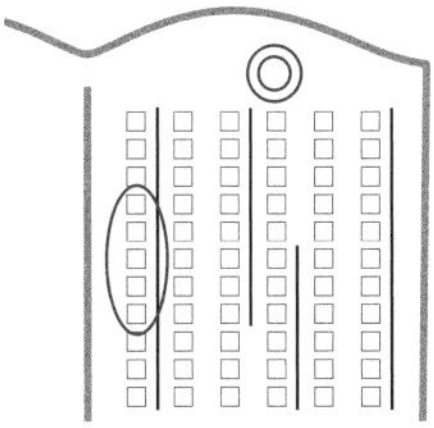

例２ 赤丸や二重丸を
付ける。

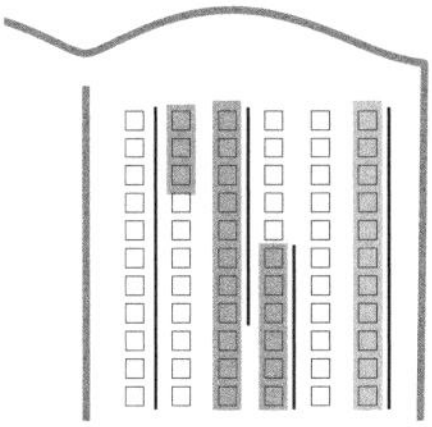

例３ マーカーを引く。

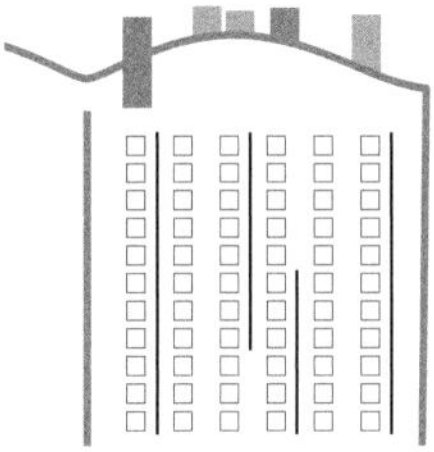

例４ 付箋《ふせん》を貼《は》る。

あるいは、何かの仕事で使おうとするときなどには、ごく短時間で、「その本が、全体でどういうことを言っていたか」ということをサッとマスターできるメリットがあるのです。

私は、電子書籍などを否定はしませんが、本にはそうした効用があることを知っておいたほうがよいと思うのです。

読書を「仕事の成果」に結びつけるには

私にとって役に立った本は、ほとんどが、一回だけ読んだ本ではなく、何度も繰り返し読んだ本です。繰り返し読んだ本でなければ、やはり、仕事で使えるレベルまではなかなか行きません。最低でも三回ぐらい読んでいないと、身についていないことが多いのです。

回数の多いものでは、十回ぐらい読んでいる本も数多くあります。そうすると、重要なところについては、だいたい暗記しています。暗記していると、いつでも自由に使える状態になっているので、とても便利です。

私が説法《せっぽう》をするときは、メモなどをまったく見ていません。「自分が記憶しているもの以外は使わない」という方針なのです。自分の頭に残らないものは、しょせん、自分には縁《えん》がないものか、要らないものか、そのどちらかなのです。「本当に大事なことは頭に残るはずなので、何度読んでも頭に残らないものは、もう覚える必要がない」と、私は考えているわけです。

そのため、私が何かの本の内容を参照して話している場合は、全部、自分の頭に入っているものを前提にしているのです。

また、本を繰り返し読んで精読するメリットとしては、「年数をおいて読み返すと、その間に自分が成長しているため、読み方が変わってくる」

ということがあります。

たいていの場合、自分が若いころに読んだ本の著者は、自分より何十歳か年齢《ねんれい》が上であることが多いので、自分の知識が増えてから読み返すと、以前は読み取れなかった細部まで、次第《しだい》に読み取れるようになってくるのです。

それから、数多くの本を読んでいると、「この著者が言っていることは、実は、別の人が本に書いていることを上手に引用して述べているだけだ」というようなことが分かってきたりします。

そのように、細部にわたる部分まで読み取れるようになってくるところが、「読書の醍醐味《だいごみ》」の一つなのです。

「一流の教養人」をつくる読書スタイル

ある人は、「人生の目標の一つとして、一生のうちに、繰り返し読むべき本、愛読書と呼べる本を五百冊持てたら、かなりの教養人である」ということを述べています。五百冊の本を繰り返し読んでいたなら、そうとうの教養人だというわけです。

確かに、繰り返し読める本を、五百冊もなかなか持てません。普通《ふつう》は、新しい本を読むことに忙《いそが》しいでしょうから、繰り返し読める本がそれほどあるわけではありません。しかし、「年数をおいて、繰り返し読める本が五百冊あったなら、一流の教養人、読書家と言える」ということです。

そういう意味では、「繰り返し読める本を探すために、本をたくさん読まなければいけない」という逆説があるわけです。

似たようなことは、英語においても言えます。英語の本であっても、赤線を引きながら読んだ本については、赤線のところだけをサーッと流して読めば、最初に読んだときの十分の一、あるいは何十分の一かの時間で、一冊分の概要《がいよう》をだいたいつかむことができます。

このように、簡単に概要をつかむことができるというメリットがあるので、「本を所有している」ということは非常に大事であると思います。

5 「読むべき本」と「大事な箇所《かしょ》」の見つけ方

「読むべき本」の見分け方①――気に入った著者の本を追いかける

現実の問題として、本を読む時間には限りがあります。本章の冒頭《ぼうとう》で述べた若い人たちからの質問でも、「本をどのように読んでいけばよいのか」というようなものが出ていました。

「読むべき本」を見分けるのは、はっきり言って難しいことですが、方法は幾《いく》つかあります。

一つは、いろいろと本を読んでいくなかで、自分が気に入った作家ないし著者が出てくるでしょうから、その人が書いた別の本を、できるだけいろいろと読んでいくという方法です。

つまり、「一人の著者の本をずっと追いかけていくと、その人の思想や考え方が身についてくる」ということがあるのです。この読み方は、かなり力がつきます。

次は、「その人の本のなかで、引用したり、参考文献《ぶんけん》に挙げたりしているる本のうち、関心のあるものを読んでいく」という方法があります。そういう本は、実際に、その著者が思想的に影響《えいきょう》を受けた本なのでしょうから、それらに手を出していくというやり方があるわけです。

「読むべき本」の見分け方②――つるったぐり読書法

もう一つは、「つるったぐり読書法」というものです。これは元東大理学部名誉《めいよ》教授で地球物理学者の故・竹内均《たけうちひとし》氏が提唱した方法です。

彼は物理学以外のいろいろなジャンルにも手を出した方ですが、この人

●竹内均(1920 - 2004) 地球物理学者、東京大学名誉教授。科学雑誌「ニュートン」初代編集長。地球の表面は十数枚の固い岩盤(プレート)からなり、その岩盤の運動が地震の原因であるとする「プレートテクトニクス説」を広める。人生論や自己啓発をテーマとした著書や訳書も多数手がけた。

の書いた本のなかに、「芋《いも》のつるをたぐっていくように本を読む」という「つるったぐり読書法」が紹介《しょうかい》されています。

これは、「何か一冊の本を読むと、新たに関心のあることが出てくるので、次にその分野の本を読み、さらに関心があるものが出てきたら、また次にその本を読む」という感じで、「つるをたぐるように、関心のあるものを次々に読んでいく」という方法です。

これも効果があります。基本的には、雑読の場合に向いている方法ですが、「情報の網《あみ》を広げる」という意味では非常に有効なやり方です。

この読み方の場合は、あまり精読をしなくてもよいでしょう。「まずは、一通り読んでみる」というかたちでよいと思います。

「読むべき本」の見分け方③——目次と第1章を丁寧《ていねい》に読む

さらに、もう一つの読み方としては、こちらもすでに亡《な》くなった方ですが、作家の井上《いのうえ》ひさし●氏の読み方があります。彼は個人蔵書《ぞうしょ》を十三万冊ぐらい持っていたようです。十三万冊というのは、なかなか読める冊数ではありませんが、彼は〝本の山〟のなかで暮らしていたのだろうと思います。

この人は、本の読み方として、「目次と第1章は、とにかく丁寧《ていねい》に読め」ということを言っています。「まず、目次と第1章については、内容をきちんと読み取れる速度で丁寧に読む。その段階で、ある程度〝本の値踏《ねぶ》み〟をし、著者の言わんとすることがだいたい見えてきたら、2章目からは読む速度を上げていき、サーッと読み切ってしまう」というのです。

確かに、目次と第1章を少し丁寧に読むことで、ある程度、本の見分け

● **井上ひさし**（1934 - 2010）　劇作家、小説家。上智大学在学中から放送台本等に携わり、卒業後は放送作家として活躍。山元護久《やまもともりひさ》と共作のＮＨＫテレビ人形劇「ひょっこりひょうたん島」で注目される。1987年に故郷の山形県・川西町に蔵書を寄贈し、図書館「遅筆堂《ちひつどう》文庫」が開設。著書に『私家版日本語文法』などがある。

がつきます。この段階で、「この本は読むに堪《た》えない」と思った場合には、もちろん、そこで打ち切って構わないということです。

私は、それを読んで、「なるほど、1章目を丁寧に読むというやり方があるのだな」と思いました。非常に速く本を読める人でも、1章目だけは少し丁寧に読んでみると、その本の値打ちがよく分かるかもしれません。

訓練によって身につけた「速読術」

ただ、私は、新書などの場合、十分もあれば読めてしまうため、「1章目をゆっくり読む」といっても、それほどゆっくり読みようがありません。一冊全部を、赤線を引きながら十分ぐらいで読んでしまうので、かなりの超《ちょう》高速で読んでいるのは間違《まちが》いありませんが、それは超能力でも何でもなく、「訓練の賜物《たまもの》」です。つまり、熟練した結果、パッと一目で読める範《はん》囲《い》が広くなってきたのです。

大学時代には、私も一行ずつしか読めませんでしたが、それが、一度に二行ぐらい読めるようになり、三行ぐらいずつ読めるようになっていきました。

さらに、一ページ全体をパッと見て、だいたい読めるようになり、今では、左右のページを同時に読めるようになりました。

すなわち、右目で右ページを、左目で左ページを同時に見て、両側のページにサササッと赤線を引きながら読んでいるのです。まるで映画でも観《み》ているように、「左右のページが一つの画面として視覚的に読めてしまう」わけです。そのとき、大事な箇所《かしょ》の文字が浮《う》き上がってくるように見えます。

「活字が立ち上がってくる」と表現した司馬遼太郎《しばりょうたろう》

それと似たようなことを、一九九六年に亡くなった作家の司馬遼太郎《しばりょうたろう》氏も言っていました。彼は、数多くの歴史小説を書くために資料をそうとう読んでいましたが、彼の言い方をそのまま借りるならば、「書庫に入って文献を開くと、その資料のなかから活字が立ち上がってくる」のだそうです。

まるで3D《スリーディー》映画のようですが、「活字が『読んでくれ』と言わんばかりに、浮いて立ち上がってくる」というのです。なかなか憎《にく》い表現です。私も言ってみたいですが、私でも活字が立ち上がってくる感じまではしないので、「憎い表現をするなあ」と思いました。

それは本当の話なのか、それとも文学的な表現なのか、少し分かりかね

● **司馬遼太郎**（1923-1996）　小説家、評論家。産経新聞の記者を経て作家となる。産経新聞在職中に『梟《ふくろう》の城』で直木賞受賞。戦国時代、幕末、明治時代を題材にした作品を多く発表し、日本人の歴史観に影響を与えた。代表作に『竜馬がゆく』『坂の上の雲』『街道をゆく』『項羽《こうう》と劉邦《りゅうほう》』などがある。

る面はありますが、「自分の作品に必要なところだけが、資料のほうから見事に立ち上がり、浮き上がってくる」のだそうで、実にうらやましいことです。

そのように、たくさん本を読んでも、パラパラとページをめくっている間に、大事なポイントがピュッと立ち上がってくるように見える人もいるのです。

ただ、これは、ある意味での職業的訓練であり、どの分野の専門家でも、そのようになってくるのです。

例えば、歯科医なら、「この歯が悪い」ということがすぐに分かるでしょうし、魚屋なら、ちょっと見ただけで、その魚の状態が分かるでしょう。あるいは、医者が自分の専門の病気について、すぐに分かるようなものかもしれません。一般《いっぱん》の人がレントゲン写真を見ても、まったく分かりませんが、専門の医者が見れば、「ここが怪《あや》しい。影《かげ》が写っているから、これは○○だ」などということが、一見して分かります。

そのような感じで、それぞれの職業において得意なものがあるのではないかと思います。

6

〝年二千冊〟の読書生活の築き方

「一時間当たりに読めるページ数」を増やす

私自身の読書はどのような感じかというと、本を読んでいる時間は、それほど長くはありません。

ただ、本を読んだ日付とそのタイトルは、ずっと手帳に記録していて、手帳のカレンダーには冊数も書いてあります。月に二百冊よりはやや少ない程度で、平均すると月に百七十冊前後だと思います。したがって、年に二千冊ぐらいは読んでいる計算になります。

しかし、読書にはそれほど時間をかけていません。決して、一日中、本を読んでいるわけではなく、とにかく読むのが非常に速いのです。それは、やはり長年の訓練の結果です。

そういう訓練を始めて、すでに数十年がたっています。大学一年生のときの平均読書速度は一時間六十ページで、特に速いとも遅《おそ》いとも言えないぐらいのレベルでした。一時間に六十ページぐらいなら、みなさんも読めないことはないでしょう。

そのように、最初は六十ページぐらいだったのが、七十ページになり、八十ページになり、百ページ、百二十ページと、だんだん速度が上がっていきました。今では、自分で時間を設定すれば、その時間内にいくらでも読める感じになっています。その結果、年に二千冊程度の本を読んでいるのです。

「日本や世界で何が起きているか」をウオッチする朝習慣

今、日本では、毎日百冊以上の新刊書が出版されていますが、専門分野もかなり増えているので、読む本のほとんどは、私が〝情報網《もう》〟を張っている分野のものです。

新聞は、朝日新聞、読売新聞、産経新聞、日経新聞、毎日新聞、東京新聞の六紙と、英字新聞のインターナショナル・ニューヨーク・タイムズとフィナンシャル・タイムズ、ウォール・ストリート・ジャーナルを合わせて、毎朝、九紙を読んでいます（注。現在は、ドイツ語の新聞も三紙読んでいる）。

雑誌は、週刊誌や月刊誌、英語雑誌の類《たぐい》も読んでいます。

また、日本語の新聞や英字新聞を読むときには、同時にＣＮＮの音声も聴《き》いています。つまり、「耳でCNNを聴きながら、目で新聞を読む」ということをしているのです。そのくらい時間効率を上げないと、とてもさばき切れません。

新聞を六紙ぐらい読んでいると、「今、日本全国で何が起きているのか。世界で何が起きているのか」という「情報見積もり」においては、ほとんど外すことはなくなります。六紙ぐらいに目を通しておくと、「何が起きているのか」が、だいたい分かるのです。

さらに、日本の新聞で抜《ぬ》けている海外のニュースについては、英字新聞を読むか、CNNやBBCを観《み》るかすれば、世界で起きていることをほぼ網羅《もうら》できます。

特に、外国の情報に関しては、活字だけでなく、映像もあったほうがよく分かることが多いので、テレビの効用も大きいと言えます。

それ以外には、新聞のテレビ欄《らん》を見て、NHKや民放の特集番組などで、何かよさそうなもの、要するに、経済や国際情勢などに関して、勉強すべき番組があればチェックをし、録画しておいてもらっています。

常に新刊本をチェックする理由

本については、新聞の下の欄に広告が載《の》っているので、欲《ほ》しい本に赤鉛《あかえん》筆《ぴつ》でチェックを入れておけば、自分で本を買いに行かなくても秘書のほうで買っておいてくれます。ただ、本がたくさん集まり、〝本の山〟になってくるので、大変ではあります。

これまで、いちばん多いときには、一年間に一万数千冊の本を買ったことがあります。「さすがに、ちょっと多すぎたかな」という反省が働いて、今は年に数千冊程度に減らしていますが、それでも、けっこう買っていると言えます。

本というのは、出たときに買わないと、すぐに書店からなくなります。出てから一カ月もするとなくなってしまうことが多いので、「これは関心がある」「将来、必要になるかもしれない」と思ったテーマの本は、出たときにすぐ買っておく必要があるのです。書店からなくなってしまったら、あとは古本屋を探さないと手に入らなくなるので、常に新刊をチェックして買っているわけです。

〝個人図書館〟を実現した「志《こころざし》」の力

私が今、このような生活を送っているのは、幸いなことに、若いころ、「本のある生活をしよう」という志《こころざし》を立てたからです。もともと、私には〝心情左翼《さよく》〟的なところがあり、高校生ぐらいまではそうだったのですが、やはり、本を買うには「お金」が要《い》りますし、本を置くための「空間」も要ります。

●ベンジャミン・フランクリンは、「タイム・イズ・マネー」（時は金なり）と言っていますが、逆に、時間を縮めるためには、お金が必要なのです。

そのため、「本のある生活をしよう」と、大学生時代に志したわけです。

当時の部屋は六畳一間《ろくじょうひとま》だったので、本の置き場がなく、ずいぶん苦しみました。特に、一人暮らしを始めた当初は、冷蔵庫も持っていませんでしたし、クーラーも扇風機《せんぷうき》も持っておらず、電化製品はほとんどゼロでしたが、それでもスペースが足りなかったため、床《ゆか》に本を敷《し》いて寝《ね》ていました。

また、商社時代には、名古屋《なごや》と千葉《ちば》の寮《りょう》に入っていたことがありますが、まさしく〝本の要塞《ようさい》〟のなかで、居場所としては机の前に座《すわ》るか、ベッド

●**ベンジャミン・フランクリン**（1706-1790）　アメリカの政治家、外交官。印刷出版業で成功を収め、後に政界へ進出。アメリカ独立宣言の起草委員や憲法制定などにも参加し、建国の父の一人として讃《たた》えられている。科学者、哲学者としても多くの功績を遺した。

の上で横になるかしかないような状況《じょうきょう》であり、「空間」でとても苦しんだ経験があります。

そのため、「本を置く空間をつくるには、ある程度の資金が必要であり、事業的な成功が必要だ」ということが身に沁《し》みていたのです。

今では、二十歳《はたち》前後の若いころに立てた志が実現し、書斎《しょさい》ではなく、個人で〝図書館〟を持っています。

その図書館は贅沢《ぜいたく》なことに、すべて開架式《かいかしき》の棚《たな》で、学校や公立の図書館と同じく、本の背表紙が見えるように並べてあります。個人の読書家は通常、そういう贅沢はできないので、床の上などに山積みになっていることが多いのです。

その場合、本の山の下のほうにある本を取り出そうとすると、将棋崩《しょうぎくず》しのように全部崩れてしまうので、必要な本を取り出すことができないことがあります。そのため、泣く泣く同じ本を買いに行く羽目《はめ》になることがよくあるのです。

しかし、私は現在、開架式で本を並べられる空間を持ち、本が崩れないように地震《じしん》対策まで施《ほどこ》してあるので、一冊残らず本が〝使える〟状態にあります。英語で言うと、〝available《アベイラブル》〟な状態です。

たとえ十万冊の本を持っている人がいたとしても、実際に手に取れる本が一万冊しかなければ、残りの九万冊は〝使えない〟本です。「本を使えるか、使えないか」の違《ちが》いは大きいのです。

したがって、「本を置く空間を確保するためには、お金が要る」ということを若いころに知っていたのは、けっこう大きかったと思います。その自己実現は達成しました。

7 仕事につながる知的生産性の高め方

若いうちに読んでおくべき本とは

今、私の持っている蔵書《ぞうしょ》の数から見れば、「八十歳《さい》になっても、本を書くタネが尽《つ》きることはない」ということが、だいたい分かっています。新しいことに対して、常に関心を持ち、知識領域を広げているので、自分としては、「まだまだ、いくらでも知的活動ができる」ということを知っています。

近年、幸福の科学は〝戦線〟を拡大して、いろいろな事業を行《おこな》っていますが、そのためには、本章の第2節でも述べたように、まずは分野を絞《しぼ》り込《こ》んで、一つずつブロックを積み上げていくように仕上げていかなければ無理なのです。ある程度の「断念」も必要です。そのように、「分野ごとにマスターしていかなければならない」ということは言っておきたいと思います。

そうしないと、単に本をたくさん集めて文章を書くだけでは、いわゆる雑誌記者のレベルで終わってしまいます。彼らは、雑本《ざっぽん》をたくさん読んでいるかもしれませんが、それでは、ろくなものが書けず、よいアウトプットができないのです。

よい文章を書くためには、やはり、「良書」を読まなければいけません。それも、まだ若くて無名の時代に読んでおくことが大切です。

本自体は、ほかのものに比べれば安いものです。そういう時代に、たとえ安くても「名著《めいちょ》」と言われるものを、きちんと読んでおくことが非常に大事なのです。ある程度、そういう努力をしておけば、あとで必ず〝実り〟が現れてきます。

仕事能力の向上にもつながる〝知的消化能力〟

二〇一〇年に、幸福の科学の学生信者の一部を対象に読書調査をしたところ、「これまでに読んだ本の平均冊数は、二百四十三冊」という統計が出ました。最も多い人は二千冊でしたが、それは私が一年で読む冊数です。

さらに、私の書いた本はその時点で七百冊以上あったので（注。二〇一八年五月時点では二千三百書を突破《とっぱ》している）、平均的な学生たちは、まだ私の書いた本の数すら読んでいないことになるわけです。

当然ながら、本は書くほうが、読むよりも時間がかかります。しかし、これも積み重ねなのです。あとになればなるほど、波及《はきゅう》効果が出てきて、物事がたやすくできるようになってきます。最初は難しいのですが、だんだん慣れて熟練してきますし、知っていることも多くなってくるので、速度が上がってきます。

また、その途中《とちゅう》で、「仕事能力」も上がってきます。仕事の仕方が分かってくると、知的な方面でも、非常に早く、短期間でマスターできるようになるのです。

本章のタイトルとして掲《かか》げた「『知的体力』増強法」について言えば、一つは、そうした、「知的な吸収能力、知的な消化能力の高い頭脳をつくり上げる必要がある」ということです。普通《ふつう》は、量が増えるとあっぷあっぷして消化できなくなるので、できるだけ〝消化能力の高い頭脳〟をつくり上げなければなりません。

それと、もう一つは、「知的に消化したものをアウトプットしていくことが大事である」ということです。企画《きかく》や仕事、あるいは講話など、どのようなかたちであれ、何らかの生産物としてアウトプットし、生産性のあるものに結びつけていく必要があります。

企画《きかく》や仕事で「タネが尽《つ》きない人」の秘密

自分が勉強したことをアウトプットしていく際に大事なポイントは、「出し惜《お》しみをしない」ということです。

「とても大事なことを学んだので、これはもう、じっと隠《かく》し持っていよう」などと思うかもしれませんが、それでは駄目《だめ》なのです。「今、いちばん大切なことを勉強した」と思ったら、そのことを誰《だれ》かに話すなり、書くなりして、アウトプットしてください。

「アウトプットしたら、自分のいちばんよいものがなくなってしまう」と思うかもしれませんが、そういう〝真空地帯〟をつくらなければ、新しいものが入ってこないのです。

したがって、常に、「自分の持っている最高のもの」を出す努力をしてください。そうすれば〝空《から》っぽ〟になって、また新しいものが必ず入ってきます。

私も出し惜しみはしていません。今、学んでいるもの、感じているもの、考えているもの、悟《さと》っているもののなかで、いちばん大事だと思うものを、いつも出しています。「それによって、将来、タネが尽《つ》きるかもしれない」などとは、まったく考えていないのです。

常に、「いちばんよいもの」を出すことです。そうすれば、また新しく、「よいもの」が出来上がってきます。

ところが、それを大事に持っていて出さずにいると、逆に、新しいものが入らなくなります。要するに、「知的排泄《はいせつ》」をしないと駄目なのです。

知的吸収と知的排泄《はいせつ》のサイクル

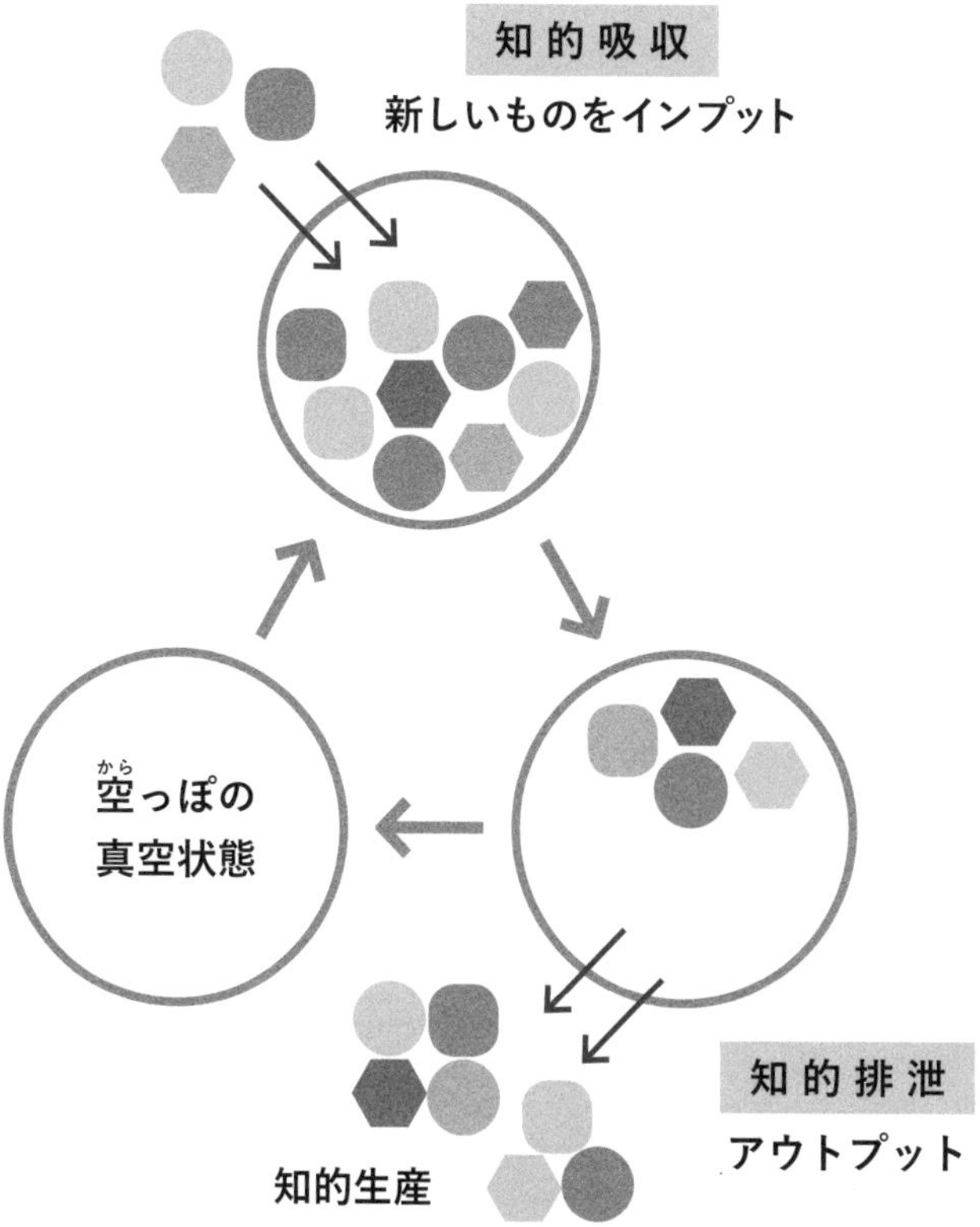

「摂取《せっしゅ》すること」と「排泄すること」はセットなので、新しいものを入れるためには出さなければいけないのです。

そのように、「知的生産性」の部分を高めていくと、「知的吸収力」も高まってきます。新しく学ぼうとしたら、まず出さなければいけないのです。学んだものを話すなり、書くなり、仕事で使うなり、何らかのかたちで発表していくことが大事です。

8 「知的体力」を鍛《きた》え続けるために

「知的能力」が落ちる意外な原因

さらに付け加えるとするならば、「勉強を続けていくためには、体力が要《い》る」ということも知っておいてください。

このように言われても、学生時代にはあまり分からないものです。しかし、実際に体力が要ります。大人になり、社会人になると、体力が落ちてきますが、「それと同時に知的能力も落ちてくる」ということを分かっていない人が多いのです。

そのため、三十代を過ぎてから運動をやり直し始めると、頭脳の力が戻《もど》ってきて、「知的な吸収力」が急に増してくることがあります。

大学生でも、一、二年生の教養課程のときには体育の授業があるので、一定の運動をしていますが、三、四年生になったらたいてい、授業はなくなってしまいます。それで、運動をせずに勉強だけをしていると、いくら勉強をしても頭に入ってこなくなることがあるのです。

「勉強時間は長いのに、どうしても頭に入ってこない」という場合、実は運動不足であることが多いわけです。

「知的吸収力」を維持《いじ》するための工夫《くふう》と習慣

運動をすると、短期的に見れば、その分だけ勉強時間は減りますが、実際には、「運動をしたら、知的吸収力が高まる」ということがあるのです。

私も頭が疲《つか》れてくると、散歩や水泳など、何らかの運動を入れています。運動をしているときは、その一時間なり二時間なりを損しているような気がするのですが、実際は、そのあとの知的吸収力がものすごく上がるのです。

また、どうしてもやる気が出ないときには、映画を観《み》に行くことにしています。おそらく、今の若い人たちよりも、私のほうが多くの映画を観ているのではないかと思います。日本の映画館で上映され、ヒットしている映画であれば、観ていないものはほとんどありません。

私には、これだけ仕事や勉強をしていても、まだ映画を観るだけの余裕《よゆう》があり、人気のある映画、評判になった映画は、ほぼ全部観ているのです。

こうしたことも、知らず知らずのうちに、幸福の科学で私がいろいろな映画をつくっていくときの下地になっていると言えます。

映画を観ると、その分、勉強時間は減りますが、気分転換《てんかん》ができるため、そのあと、たくさん活字が読めるようになるのです。

いつの間にか英語力が上がった「映画の効用」

映画は気分転換で観ているものではありますが、私は洋画を観ることが多いので、それは同時に英語の勉強にもなっています。努力して勉強しているつもりはないものの、映画を観ているうちに、英語がよく分かるようになってくるのです。

以前、週刊誌の記事で読んで、非常に驚《おどろ》いたことがあります。それは、TOEIC《トーイック》で九百九十点満点を取った人の話だったのですが、その人は、「洋画の台詞《せりふ》を全部は聞き取れないし、英字新聞も全部は読めない」ということを言っていたのです。「TOEICで九百九十点満点の人の英語の学力が、そんなに低いのか」と、とても驚いたことを覚えています。

私の場合、洋画の台詞はほとんど全部聞き取れます。観ている本数が多いからなのかもしれませんが、ほとんど聞き取れてしまうのです。英字新聞も読めないと感じることはありません。そのため、その週刊誌の記事を読んで、「あれ？」と思いました。〝遊び半分〟で映画を観ているうちに、いつの間にか英語の学力が上がっていたわけです。

英検一級レベルの人でも、普通《ふつう》は、ハリウッド映画を観て、だいたい五、六十パーセントしか聞き取れないと言われているので、その記事の内容は正直なところなのかもしれません。

しかし、私が聞き取れる台詞は、九十五パーセントから百パーセントの間であり、九十八、九パーセントは聞き取れるので、かなり英語力が上がっているのだと思います。〝遊び〟で映画を観に行っているだけなのですが、かなり力がついてきているということです。

そのように、「さまざまなものを組み合わせることにより、いろいろなかたちで、総合的な学力が伸《の》びていくことがある」ということを知ってください。それによって、人生の密度を上げていくことができるのです。

本章の内容は「大金持ちになる」ための方法

以上、さまざまなことを述べてきましたが、この内容を、ぜひ線を引きながら読んでいただきたいと思います。

いろいろなことを述べたので、「内容が互《たが》いに矛盾《むじゅん》しているようで、よく分からない」と感じた部分もあるかもしれませんが、本当に大事なことをたくさん述べたつもりです。

実は今回、「みなさんが将来、大金持ちになるための方法」を私は説いたのです。みなさんはまだ、それを十分にキャッチしていないかもしれませんが、私が述べたことを実践《じっせん》すると、実は大金持ちになれるのです。

仕事においても、それ以外の面においても、「成功者になる方法」を説いたのですが、みなさんは、全部をマスターできてはいないはずです。

ただ、どこか一部分を取り出して実践しただけでも、おそらく「成功への道」が開けることでしょう。

きもったまを太くするよう心がけなさい。
これが二番目の心がけだ。

そうして、三番目に目指すべきは、
深沈《しんちん》として、物に動ぜず落ち着いた性格、
重々しく、しっかりした人格を練ることだ。
大人物《だいじんぶつ》となることを目標としなさい。
深沈厚重《しんちんこうじゅう》なる人物となりなさい。

人物は、深沈厚重を第一位とし、
磊落豪雄《らいらくごうゆう》を第二位とし、
聡明才弁《そうめいさいべん》を第三位と認識せよ。

(呂新吾《ろしんご》・『呻吟語《しんぎんご》』)

人間の成長

若い頃《ころ》はとにかく、
勤勉によく勉強することだ。
多くの知識を、
正確に速く学び、
頭脳を鍛《きた》えることだ。
聡明《そうめい》で、才智《さいち》に優《すぐ》れ、
弁が立つ人間になることを目指しなさい。

しかし、それで満足してはいけない。
能弁《のうべん》の秀才《しゅうさい》は、器量が小さくなりがちだ。
それではリーダーとして充分《じゅうぶん》ではない。
気持ちを大きく持ち、
朗《ほが》らかで、小さいことにこだわらない、
さっぱりとした性格をつくりなさい。
磊落《らいらく》で、豪放《ごうほう》な人格を目指しなさい。

Chapter 3

The Power of Perseverance

忍耐力

成功し続ける人の
マインドと戦略

1

「若いころの成功＝人生の成功」とは限らない

若いころの成功は短距離走《たんきょりそう》に似ている

本章では、「忍耐力《にんたいりょく》」について述べていきます。

私の著書で、『忍耐の法』（幸福の科学出版刊）という本はありますが、「忍耐力」そのものをテーマにした法話《ほうわ》はありませんでした。

簡単と言えば簡単なことであり、単純なことでもあるのですが、「心の教え」として、この「忍耐力」についても話をしておく必要があると考えています。このなかには、若いころの成功法にとどまらず、一定の年齢《ねんれい》が過ぎたあとの成功法としても大事なものがあるのではないでしょうか。

若いころの成功には、やはり、タイムリミットがあります。「タイムリ

『忍耐の法』
（幸福の科学出版刊）

ミットまでの間に、目標設定されたものや課題をクリアするためには、どうしたらよいか」というような「時間との競争」があるわけです。

そして、他の人より少しでも早くクリアし、目標に到達《とうたつ》できれば、周りから「秀才《しゅうさい》」「天才」、あるいは、「非常に才能がある」などとほめそやされることになります。それが決め手となって、進路等がいろいろと変わっていくこともあるでしょう。

例えば、もしプロ野球の選手になろうと思ったら、高校時代に夏の甲子《こうし》園《えん》のような全国大会等で、ある程度活躍《かつやく》するようなことがなければ、ドラフト会議のときに一位や二位で指名されることはあまりないだろうと思います。

もちろん、チーム力がないために甲子園までは出られなかった学校の選手が、地方で頑張《がんば》っているところを個人的にスカウトされる道もあるかとは思います。ただ、たいていの場合は、早いうちに大舞台《おおぶたい》で活躍するようなことがなければ、数千万や億という単位の契約金《けいやくきん》がついて、プロの道に入ることは少ないでしょう。

同様のことは、芸能タレント系についても言えるかもしれません。十代から二十代の初めぐらいに人の目につくようでなければ、プロへの道は、そう簡単には拓《ひら》けないものです。

なかには、途中《とちゅう》からプロになる人もいるとは思いますが、それは、どちらかといえば例外であり、比較的《ひかく》早いうちから目指さなければ残れないというのが、現実ではないでしょうか。そういうことはあると思います。

あるいは、プロの棋士《きし》になるにしても、わりと早いうちにパーッと上がっていき、頭角《とうかく》を現さなければ駄目《だめ》でしょう。四段ぐらいまでサーッと上がっていかなければ、プロとして食べていくのは難しくなります。

このように、若いうちの成功には、「百メートル走で十秒を切るか切らないか」というような、短距離走《たんきょりそう》のようなところがあるのです。〝若いころの〇・一秒の差〟というのは、本当に、〝その後の一千万円や一億円の違《ちが》い〟になっていくようなものかもしれません。

「人生レース」を短距離走《たんきょりそう》と見るか、長距離走と見るか

ただ、もっと長い、数十年というスパンで考えてみると、どうでしょうか。

百メートルを走るのに、えっちらおっちら走ったとしても、二十秒ぐらいあれば走れるものです。私自身は百メートルを長い間走っていないので、今はどのくらいで走れるのかは分かりませんが、マイペースで走っても、二十秒ぐらいあればゴールに到達するだろうとは思います。

世界記録クラスの人が走っても十秒ほどでしょうし、中年男性がヒョコヒョコと走っても、たいていは二十秒もあれば走れると思われるので、その差は十秒程度にしかすぎないわけです。

そのように、特定のところで必ずタイムを計ることが決まっているのであれば、その差はしかたがないことなのかもしれません。しかし、これが「人生レース」ということになると、若干《じゃっかん》、違うものになります。

もちろん、「精神的な面」における違いには大きいものがあるとしても、「肉体的な面」においては、体を長く維持《いじ》するための運動ということであれば、百メートルを十秒で走ろうと二十秒で走ろうと、それほど変わらないわけです。それはコントロールの仕方次第《しだい》ということになります。

百メートルを十秒で走れるような人は、運動神経もよく、体をよく鍛《きた》え込《こ》んではいるのでしょう。ただ、そういう立派な体をしている人が生涯現《しょうがいげん》役《えき》で活躍できるかといえば、必ずしもそうではありません。体が故障することもあるでしょう。怪我《けが》をするなどして、意外に人生の後半が悲惨《ひさん》になることもあるわけです。そういう場合は、どこかで無理をしすぎているのかもしれません。

人生の長い長い日々を〝長距離走《ちょうきょりそう》〟と考えれば、「短期間で目標を達成してしまわなければ、賢《かしこ》くない」「成功者ではない」というような考え方は、人生学としては、必ずしも「王道」と言えない部分があります。それは「序論」の部分にしかすぎないのです。

若いころに成功しすぎた人の、その後

一般《いっぱん》には、「人生の早いうちから、頭がよかったり、才能が芽生《めば》えたり、ＩＱが高かったりするような人は成功しやすい」とは言われています。そ

れは、そのとおりでしょう。

例えば、アメリカなどには、日本と違って、十歳《さい》や十二、三歳、あるいは十四、五歳ぐらいで大学に入ってしまい、二十歳《はたち》ぐらいには、すでに「教える側」に立っているような人もいます。

そういう人は、若いうちは確かに頭がよかったのでしょう。ただ、二十歳そこそこで教授になったとしても、そこで出世が止まり、四十年も五十年も教授のままということもありうるわけです。そのように、最初から出世コースを行ってしまうことも多いのですが、その後、四十年、五十年と活躍し続けるのは並大抵《なみたいてい》のことではありません。

「まだ目標があって、それを達成するために努力しなければいけない」というように、〝馬は目の前にニンジンをぶら下げ続けないと走れない〟というのであれば、そんなに急いで二十歳過ぎに教授にならなくても、四十歳や五十歳になってからでも別に構わないわけです。教授になるのに長くかかった人は、その間《かん》に努力をするので、結果的には、そのほうがたくさん業績が出る場合もあるでしょう。

私が教わった先生がたも、だいたいそうでした。若いころには秀才で、大学卒業後三年ぐらいで助手論文等を書き、三十歳前後には、それを多少引き伸《の》ばしたものを、最初の学術的な本として出していたような人が多かったと思います。

ところが、その後はずっと本が出ないのです。「その一冊で終わり」という人もいましたし、「教授になるときに、もう一回だけ本を出して計二冊」という人もいましたが、とにかく著作数が少ないところはありました。

それは、努力して非常に緻密《ちみつ》に書いたのでしょうけれども、そういう根気は、長くは続かないからだろうと思います。

「人生の成功の方程式」を限定的に捉《とら》えすぎてはいけない

それと同時に、昔取った杵柄《きねづか》風に、「かつて、こういうことをやり遂《と》げた」といったことだけで、それを通行手形のようにして、人生を渡《わた》り続けたいと思っている人も多いのです。

先ほどの「百メートル走の話」ではありませんが、若いころに他の人よりもすごく頑張って努力したという人のなかには、「早くゴールのテープを切れば、その十秒間で勝負は終わりではあるけれども、そのときのトロフィーなり金メダルなりが、一生の生活を保障してくれたり、何らかの資格を与《あた》えてくれたりするようなものであってほしい」という気持ちでいる人も多いのではないでしょうか。

実際には、そうはならないかもしれませんが、「早いうちにテープを切ってゴールインし、いったん成功のルートに乗りさえすれば、エスカレーター式に偉《えら》くなっていけるような「コース」を求める人は、昔からずいぶん多かったように思います。

ただ、そういう時代が長く続くと、なぜか、傑出《けっしゅつ》した人があまり出てこなくなることも事実です。

一方、戦国時代に英雄《えいゆう》が現れるように、国が乱れたり、政治や経済、その他のものがいろいろとうまくいかなくなったり、あるいは、大きな悪が立ち上がってきたりするようなときに、英雄が出てくることもあります。

したがって、「成功の方程式」というものを、若いうちのことだけに限定しすぎないほうがよいでしょう。また、若いうちに結果が出なかったからといって、あまり自己規定をしすぎないほうがよいのではないかと感じています。

「人生は長《ちょう》距《きょ》離《り》走《そう》」と考える

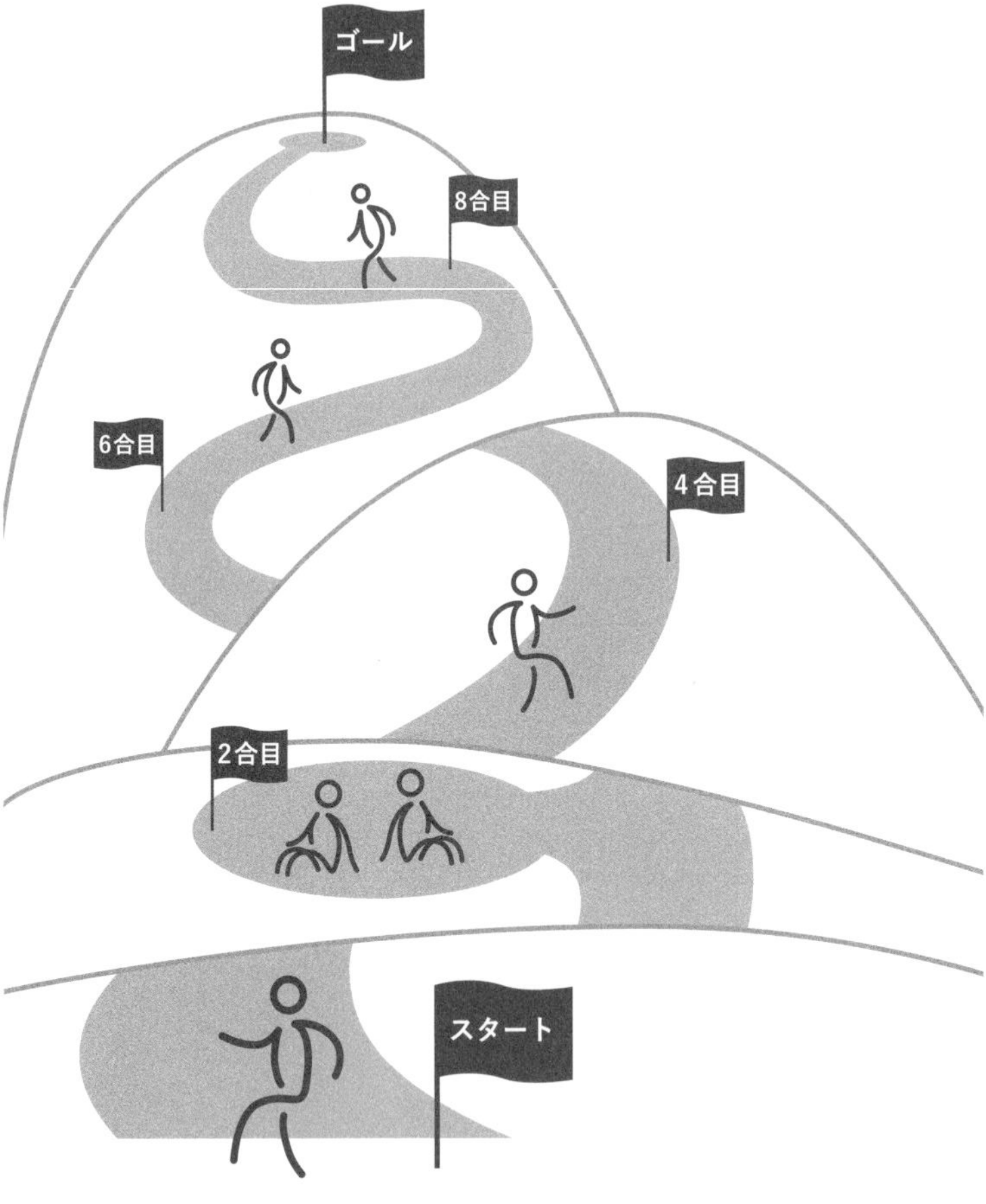

2 人間としての「本当の賢《かしこ》さ」とは

三回読んでも結論が分からなかった、ある学者の論説

以前、ある大手紙の夕刊に、有名な学者の書いた論説が載《の》っていました。それは、政治・外交や国際問題に関係する内容で、幸福の科学でも講演会等でよく言及《げんきゅう》するようなことにかかわるテーマだったので、二、三回ほど読んでみました。しかし、何が言いたいのかがよく分からなかったのです。

ただ、自分一人では客観性がないですし、私の読み方が速すぎるために、よく分からないという可能性もあるので、大川紫央《しお》総裁補佐《ほさ》に、「すまないけれども、この記事の言っていることが分かるかどうか、じっくり読ん

でみてくれるか」と頼《たの》んだのです。そこで、総裁補佐がゆっくりと三回ほど読んだのですが、やはり、「何を言っているのか、よく分からない」ということでした。有名な学者の論説でしたが、結局、速く読んでもゆっくり読んでも、分からなかったわけです。

その論説は、批判してくるであろう両サイドに対し、知っていることを知識としていろいろと散りばめているのですが、「で、結論は？」ということ、それはないのです。「この場合は、こうも言えるし、ああも言える」という感じで、結論は出さずに難しい言葉や知識などを散りばめながら、何となく見識や格があるらしいことを言っているのですが、一読では分からないように書いてありました。

それは、「『分からない』ということが権威《けんい》になる」というか、「地位を保つにはよい」ということなのかもしれません。

私自身、若い時代から、そういうタイプの論文や本、教科書等も読んできたのですが、何か違和感《いわ》がありました。その記事を読んだ日も、夜中に夢うつつで、「あれは何だったのだろうか」と何時間も考えていたのです。特に、「若いころ、二十歳《はたち》前後からしばらくの間における『頭がいい』とは、いったいどういうことなのだろうか」と考えてしまいます。実社会に出てみると、「頭のよさの基準」が、学生時代とは少々違《ちが》うような気がしてしかたがないのです。

「学校での頭のよさ」と「実社会での頭のよさ」との違《ちが》い

学校の勉強では、内容がだんだん難しくなり、抽象《ちゅうしょう》的になり、漢字や漢語が多くなり、一読してもよく分からない文章が書けるようになると、何か頭がよくなったように見えることもあるでしょう。

では、実社会に出たときに、その〝頭のよさ〟を使えるのはどういうところでしょうか。裁判所などでは多少使えるかもしれませんし、役所でも使えるかもしれません。また、研究関係でも使えるかもしれません。ただ、それ以外のところでは、あまり使えないのではないかと思うことがあります。

「ウチの夫は仕事ができない」●というテレビドラマでは、主人公がイベント会社に勤めていましたが、もし、いわゆる〝頭のいい人〟にあのようなPRの仕事をさせたら、どうなるでしょうか。町おこしを企画《きかく》する仕事などを任されたとしたら、やはり、〝仕事ができない〟ほうに入るのではないかと思うのです。

一般《いっぱん》の仕事というのは、できるだけ多くの人に分かりやすくインパクトを与《あた》えて、参加してもらったり、利用してもらったり、かかわってもらっ

●**「ウチの夫は仕事ができない」** 2017年に日本テレビ系で放送されたドラマ。"お荷物社員"であることを妻に隠していた主人公が、妻の妊娠をきっかけに、妻と協力して「仕事ができる夫」になるべく奮闘する。

たりするのが大事なことです。

したがって、「社会に出てから必要になる頭のよさ」とは、いわゆる見せびらかしのようなもの、例えば、「ほかの人には読んでも分からないようなことが書ける」とか、「聞いても分からないようなことが語れる」とか、「めったに出ないような知識を知っている」などといったことではなく、「数多い知識のなかから、相手にとって大事なことを選び出して、組み立てていく能力」だろうと思うのです。

このあたりのところは、学問では十分に教え切れていないのではないでしょうか。

古典は、実はシンプルなことを言っている

今、古典になっているようなものは、現代人にとっては難しく感じられ

るかもしれません。しかし、その当時としては、必ずしも難しいことを言っていたわけではないでしょう。

例えば、孔子《こうし》の『論語』には、「朋有《ともあ》り、遠方より来たる。亦《ま》た楽しからずや」と書かれていますが、これは、「友達が遠くから訪ねてきた。愉《ゆ》快《かい》じゃないか」という、ごく当たり前の普通《ふつう》の話です。昔は交通手段も悪かったでしょうから、「遠方から友達が訪ねてきてくれたよ。うれしいな」というようなことを言っているわけです。また、「学びて時に之《これ》を習う。亦た説《よろこ》ばしからずや」とありますが、これも、「昔に勉強したことを復習するのも、面白《おもしろ》いものだよ」というような、当たり前のことを言っています。

このように、古典を平易な言葉に置き直してみると、実にシンプルなことを言っているものが多いのです。

また、哲学《てつがく》も難しいものだと思われがちかもしれませんが、例えば、ソクラテスなどは自分の著書がないため、弟子《でし》のプラトンが「対話篇《へん》」として書いたものがメインになっています。

これらは、翻訳《ほんやく》を通していることもあり、訳が古くなった部分などは、やや難しめに感じる人もいるかもしれませんが、会話体で書いてあるため、言っていること自体はそれほど難解ではないのです。

仏教のお経《きょう》なども同様です。お寺のお坊《ぼう》さんが漢文のお経を朗々《ろうろう》と読み上げることが、尊いような感じに言われることもありますけれども、原典を見れば、「仏陀《ぶっだ》と弟子との対話」というかたちの「対話篇」になっているものが多く、やはり、それほど難しいものであったとは思えないわけです。

そのように、「時間」と「場所」を変えれば難しく感じることもあるかもしれませんが、普遍的《ふへん》なものというのは、「もともと、わりあい易《やさ》しいことを、しっかりと的確な言葉で言ったようなもの」が遺《のこ》っているのではないでしょうか。

私が説法《せっぽう》のときに心掛《こころが》けていること

私も、時折、「難しいことを言って分からないようにしたほうが〝安全〟かもしれない」といった誘惑《ゆうわく》に駆《か》られることもあります。新しい分野を拓《ひら》くと、最初はそうなる場合もありますが、「分かりやすい洗練された言葉で話をしなければ、やはり、よい仕事にはならないのではないか」と、自分では気がつくようになってきました。

私の説法《せっぽう》にしても、「どうだ、分からないだろう。私は賢《かしこ》いだろう」などと自慢《じまん》する気持ちで話すようなことはしません。私の説法を聴《き》くのが初めての人もいれば、長く勉強してきた人もいるので、その両方の人に満足してもらわなければいけないと思っています。そのあたりが難しいところではありますが、必ずしも難しい言葉を使いたいと思っているわけではありません。

ただ、専門的なものはあります。

今述べたように、学者的なものが分からないとはいっても、例えば、体の特定の器官についての研究をしている医者ばかりが集まった学会や研究会に、部外者が出席して、その発表を聞いたとして、素人《しろうと》には何を言っているのかがさっぱり分からなかったとしても、しかたのない面はあるでしょう。そのように、一般向けではないものについては、知識を学ばなければ理解できないこともあるだろうと思います。

おそらく、ほかの学問についても同じようなことはあるでしょう。

3

あなたの忍耐力《にんたいりょく》が試《ため》される三つのとき

時折、シンプル化し、原点を見直してみると

結局、言いたいことは次のようなことです。

人は何であれ、いろいろと努力し、積み上げていくうちに詳《くわ》しくなっていくものでしょうし、うるさくもなっていくものでしょうけれども、時折、シンプル化して、もう一回、原点を見直さなければいけないこともあるということです。

「自分の仕事や勉強は、そもそも何のためにやっていたのか」「最初はどういう気持ちで始めたのか」といった、初心のところを振《ふ》り返らなければいけないのではないかと思います。

例えば、官僚《かんりょう》答弁のように、「とにかく、言質《げんち》を取られず、責任も取らされず、クビも飛ばされないように言い逃《のが》れる術《じゅつ》」というものがあります。

これもディベートと言えばディベートですし、それによって生涯《しょうがい》賃金を確保するという意味においては、「生産性がある」と言えばあるのかもしれません。正直に答えるとすぐにクビが飛ぶこともあるので、それを一つの〝知的なゲーム〟としてやっている人もいるとは思います。

しかし、マスコミや官僚、あるいは政治家などの言葉のやり取りが、そうした「責任逃れの技術論」になっているところが、政治に時間がかかりすぎて前に進まず、遅《おそ》くなっている理由にもなっているのではないでしょうか。

官僚《かんりょう》型政治で粘《ねば》った佐藤栄作《さとうえいさく》首相

安倍《あべ》首相の大叔父《おおおじ》である佐藤栄作《さとうえいさく》が首相だったときにも、そういうことがありました。

若い人にとっては、もはや過去の人でしょうけれども、私はその現役《げんえき》時代を見ています。

佐藤栄作は、七年八カ月ほど首相を務めており、戦後の日本で最も在任期間が長い首相です。官僚《かんりょう》政治家ではあるのですが、彼も「忍耐《にんたい》」ということを言っていたような気がします。「政治家を長く続けるには、とにかく、粘《ねば》れるだけ粘る。それも、判断しなくてもよいものは、できるだけ判断を先に延ばしながら粘る」というような感じで、長く首相を務めていたようです。

これは、「官僚型政治」と言えばそうでしょう。

確かに、ミスを出さないようにして判断を先延ばしにしていると、なかなかクビを切るきっかけもなく、国民が激昂《げっこう》して「辞《や》めろ！」というような感じにもならないので、彼の首相時代は、「何だかタラタラと長くやっているなあ」という印象があったのは覚えています。

物事をはっきりと言って対決を迫《せま》るようなタイプは、人気が出ることもあるものの、短い期間ですぐに終わってしまうことも多いのです。頭の回転が速く、ブルドーザーのようだった田中角栄《たなかかくえい》も、首相だった期間は二年ぐらいで終わってしまいました。

反対に、はっきりしなかったような人が、意外に長くもったりしています。それが、「単に無能なだけ」なのか、そうではなく、「忍耐力の賜物《たまもの》」なのかは難しいところではありますが、その人の精神修行《しゅぎょう》のなせる業《わざ》かとは思います。

成功の持続に必要なものは「才能」よりも「忍耐力《にんたいりょく》」

ある仕事について、一定のレベルを保ちつつ、長く続けていったり、実績を積み重ねていったりするタイプの人がいます。出来上がるまでの間に、準備期間が十分にあることもあるのでしょうが、こういうものも、それなりに一つの能力だということを、最近つくづくと感じます。

「できるだけ早く成功したい」と思う人はたくさんいるのですが、飽《あ》きっぽい性格であれば、いったん成功したあとは、次から次へとすぐに違《ちが》うものに乗り換《か》えて、結局は、大成しない場合が多いのです。

そういう意味では、必ずしも、才能のある人が大きな成功を収めるとは思えないところがあります。それは、いわゆる「忍耐力《にんたいりょく》」がないことがあるからです。

そして、「忍耐力というものが大きな力なのだ」ということは、若いうちには、誰《だれ》もそう簡単には教えてくれないものです。

子供のときには、「親や学校の先生などから叱《しか》られることに耐《た》える」とか、「クラブの顧問《こもん》やコーチなどから鍛《きた》えられることに耐える」とかいうようなこともあると思います。そのように、若いころに耐えることとしては、「勉強で頭が苦しいのに耐える」とか、「筋肉を使って、筋肉痛になるのを耐える」とか、そんなことが多いのではないでしょうか。

例えば、二〇一七年の夏の高校野球で優勝した埼玉《さいたま》県の学校では、もともと打撃力《だげきりょく》が弱かったため、「破壊力《はかいりょく》」をテーマに掲《かか》げ、冬場に、タイヤをハンマーで叩《たた》く練習をしたり、足の裏の感覚を鍛えるために地下足袋《じかたび》を履《は》いて走ったりしていたようです。やや〝原始的な方法〟を取っているように感じるところもありますが、こういうものにも効果はあったわけです。

幸福の科学学園那須《なす》本校にも野球部がありますが、試合でコールド負けばかりしていたころに、「どうしたら勝てるのですか」と訊《き》かれたので、私は、「冬場に、もう少し走り込《こ》みと筋トレをしたらどうか」と話したことがありました。すると、翌年《よくとし》からかなり勝ち始めたようです。

幸福の科学学園の定員はそれほど多くなく、半数は女子なので、この規模で甲子園《こうしえん》まで行くのはなかなか大変だろうとは思いますが、私がそういうことを言ったら、急に地方大会で優勝に迫るところまで行くようにもなりました。

素人《しろうと》の私が、「冬場に走り込みと筋トレをして筋力をつけると、打撃がシャープになって、よく打てるようになるのではないか」とアドバイスをしたら、そのとおりになったこともあったわけです。

したがって、創意工夫《そういくふう》も必要ですし、「何をやるか」ということも大事ではあるのですが、やはり、苦しいところを粘り抜《ぬ》き、鍛え続けなければいけない部分はあるのではないでしょうか。

平凡《へいぼん》な日々のなかで努力し続けることの難しさ

先ほど述べたように、大学を卒業し、早いうちにパッパッと准《じゅん》教授、教授になってしまうような天才型の人も、その後、昇進《しょうしん》が止まってからの何十年かは、業績を積み重ねるのがなかなか難しくなり、二十代ぐらいに書いたものが主著になったりするようなことが、わりあい多いのではないかと思います。

そのように、天才肌《はだ》というものが、もし、線香《せんこう》花火のようにすぐに消えてしまうようなものであるならば、ちょっと寂《さび》しいかもしれません。

ですから、「どのようにして、自分の人生全体を実りあるものにしていくか」というところについては、努力しなければならないと思うのです。若いころの頭のよさというものは、長い目で見ると、それほど大きなものではありません。上・中・下ぐらいの差はあるのかもしれませんが、その後については、「たまたまこれをやったから、いい点が取れた」とか、「詰《つ》め込んでやったところ、成功した」といったノウハウ的な成功では、一生はもたないということは言えるでしょう。

基本的には、やはり、王道型の勉強や仕事の仕方で成功していかなければならないわけです。そのなかには、平凡《へいぼん》な日もあれば、厳しい逆風のときもあれば、得意の絶頂にあるときもありますが、「それぞれのときにどう対処していくか」というのは極《きわ》めて難しいことなのです。

実を言えば、「苦しい時代の忍耐」というのは、ある意味では簡単なことなのかもしれません。

例えば、借金があるときなどは、家族やきょうだいなどが、わりに結束しやすいという話もあるようです。借金があるときには、やはり、分ける人が多ければ多いほど楽になるので、できるだけ、みんなで力を合わせたくなるところがあります。

逆に、宝くじのようなものでポコッとお金が入ったりすると、もらう人が少なければ少ないほど、一人当たりの額が多くなるので、喧嘩《けんか》をして仲が悪くなるという話もあります。そういうこともあるわけです。

ですから、「苦しい時代の忍耐」というのは、それほど苦にならないものであって、当たり前のことなのかもしれません。意外に、平々凡々とした十年を過ごさなければいけないようなときに、忍耐力が切れてくることがあるのです。

あるいは、短期間で認められたくて、頑張《がんば》って成果をあげたものの、注目されたあとに消えていく人が後を絶《た》ちません。あるときに話題の人、時の人になったかと思うと、一、二年もしたら忘れられているようなことは、数えればきりがないぐらいあります。

新宗教の世界でも、一九八〇年代ごろに起きた宗教は数多くあります。それぞれに、評判になったり有名になったりしたときもあるのですが、三十年以上たってみると、そのほとんどが、消えたか、あるいは消えかかっているような状態になり、続いていないのです。

幸福の科学も、そのころに新しく始めた宗教ではありますが、当時、当会から見ればものすごく大企業《だいきぎょう》風に見えたり、数十年や百年も続いているような大教団に見えたりしていたものが、いつの間にか小さく見えるようになってきているところもあります。

これはどういうことかというと、「脚光《きゃっこう》を浴びているときだけではなく、あるいは、バッシングを受けているときだけでもなく、平凡な日々を積み重ねていくこと」や、「客観的に見て、目標らしき目標がなくなったあとに、さらに何を積み重ねることができるか」ということが、テーマとしてあるのではないかと感じるのです。

ささやかだと思っていた才能が力に変わるとき

いずれにしても、頭がよすぎると目先のことが見えすぎて、簡単に諦《あきら》めてしまうところもあると思うのです。「あっ、これは駄目《だめ》だ。もうやめておこう」という感じで早々に見えてしまうことも、頭のよさの一つなのかもしれません。一方で、「可能性がゼロではなく、少しでも残っているようなときに、どれだけ粘ればできるか」というところは、なかなか計りにくいものなのではないかと思います。

それから、「自分の才能は大したことないな」と思っていたとしても、そのなかに少しは才能があると思われるところがあれば、温めて長く持っていると、いつの間にか、それが、ある程度の大きさになっていきます。ほかのもので何か力をつけた場合に、それが影響《えいきょう》して、ささやかだと思っていた才能が出てくるようなこともあるのです。

したがって、勝負、勝ち負けのあるものは、できるだけ長所で戦うべきでしょうけれども、何かの面で一つ成功を収めることができたら、ほかの、自分では「それほど大したことはない」と思っていたところを、もう一回温め直していくと、だんだんと力になっていくようなことがあるわけです。これは述べておきたいと思います。

忍耐力が試《ため》される3つのとき

得意の絶頂のとき → 成果をあげ、脚光《きゃっこう》を浴《あ》びたあとの、停滞《ていたい》や転落に注意。

平凡《へいぼん》な日々 → このときに、目標を持って努力し続けられるかが勝負！

逆境・逆風のとき → 忍耐するのが当たり前の時期であり、ある意味、忍耐が苦にならない。

いかなるときも忍耐力を切らさず努力を積み重ねることで、「人生の実り」が大きくなる。

4

「人格力」「仕事力」を養う読書術

基礎力《きそりょく》が身につく「本の読み方」

私は、●ハッピー・サイエンス・ユニバーシティ（HSU）用に、学問の心得《こころえ》等、数多くの本を書いていますし、以前から、「たくさんの本を読むことが大事だ」と述べています。

そのため、「若いころに本をたくさん集めれば成功する」と短絡《たんらく》的に思う人も、多少出てきているように感じるのですが、それには、若干違《じゃっかんちが》うところもあると言っておかなければならないでしょう。

若いうちには、若いうちの戦い方があります。

例えば、学生であれば、親の送金やアルバイト、あるいは奨学金《しょうがくきん》を受け

●**ハッピー・サイエンス・ユニバーシティ（HSU）**　2015年4月に開学した、「日本発の本格私学」（創立者・大川隆法）。建学の精神は「幸福の探究と新文明の創造」。「人間幸福学部」「経営成功学部」「未来産業学部」「未来創造学部」の4学部からなり、千葉県長生村《ちょうせいむら》と東京都江東区にキャンパスがある。

ながら生活している人もわりあい多いでしょうから、お金は潤沢《じゅんたく》ではないはずです。そのように、切り詰《つ》めながらやっているなかから絞《しぼ》り出したお金で買った本を読むというのは、非常に努力感や達成感があるだけでなく、一冊一冊が記憶《きおく》に刻《きざ》まれて忘れがたくなるものでもあります。

私も、社会に出たあともたくさんの本を読みましたが、意外に、学生時代に読んだもののほうがよく覚えているのです。

要するに、本を余分に買うほどのお金はなかったため、買った以上は読まなければ損だと思っていたこともあって、代金の元を取ろうと、けっこう頑張《がんば》っていました。「これは、ハンバーグを一個買えたかもしれないお金をカットして買った本だから、そのまま〝積読《つんどく》〟にしていてはもったいない」と思うと、「やはり、読まなければいけない」と考えるわけです。

また、読んでも分からなかったものについては、期間を置いて何度も繰《く》り返し読んだり、身につくまで読んだりもしました。基礎力《きそりょく》としては、そういうものがけっこう力になるのです。

「大人になってからの読書」と「若いころの読書」との違《ちが》い

もちろん、大人になり、プロの物書きや情報処理などの仕事をするような人になれば、実際に読みはしなくても、参考資料として数多くの本を持っていることも大事だろうとは思います。専門家であれば、その専門に関係する本を持っていることも十分に力になるので、ある程度収入があって、仕事として確立してきたら、それはやらなければいけないところではあるでしょう。

そのように、とりあえず、「参考としてどのようなものがあるか」ということだけを見ておいて、必要なときに調べたり読んだりするような方法もあるかとは思うのです。

しかし、若いころは、本がただたくさんあればよいというものではないでしょう。若いころの読書においては、やはり、自分の血や肉になる部分がなければ損だという気がします。

さまざまなものを読むなかで、アンテナに引っ掛《か》かってくるものがあるのです。それが、自分の職業に関係してくるものであることが多くあります。できるだけ、そういう本を見つけることが大事なのです。

そういう本のなかには、作者の人生観や考え方が入っていることもあるでしょうし、小説等であれば、書いてあるテーマや扱《あつか》っている人物の生き方などのなかに、自己投入できるようなものもあるでしょう。また、歴史上の人物等について書いているものであれば、その考え方や、あるいは、「どういう逆境を、どういうかたちで乗り越《こ》えたか」といったところで、勉強になるものもあるでしょう。

したがって、若いころには、できるだけ本の中身を吸収し、自分の人格に変化を与《あた》えるような読書の仕方をしたほうがよいのではないかと思います。

読書や仕事における「情報の絞《しぼ》り込《こ》み」の大切さ

その後、社会人になり、だんだん多様な情報を扱うようになると、それまでとは多少やり方が違《ちが》ってくることもあるかもしれませんが、拡散しすぎたら、やはり、ときどきは絞《しぼ》り込《こ》むことです。重点的にしっかりと学ぶべきものは学び、参考程度で構わないものは、それなりで構わないとは思うのです。

例えば、雑誌の記者などになれば、流行の本も数多く読まなければいけ

若いころの読書で心《こころ》掛《が》けたいこと

1

期間を置いて
繰《く》り返し読む。

2

自分の血や肉に
なる本を選ぶ。

3

アンテナに引っ掛《か》かってくる本を見つける。
→将来の職業に関係する可能性が高い。

4

人生観や生き方の部分で、自己投入できるテーマや登場人物が出てくる本を選ぶ。

5

歴史上の人物から、考え方や、逆境の乗り越え方などを学ぶ。

ないでしょうし、新聞も読まなければいけないでしょう。あるいは、テレビのニュース等も観《み》なければいけないでしょうし、同業の雑誌もたくさん読まなければいけないでしょう。

ただ、雑駁《ざっぱく》とした知識が大量に入ってくるだけでは、生産性がなく、何も生み出すことができずに、「時間」と「お金」と「空間」ばかりを浪費《ろうひ》するようになるケースが多いとは思います。

そういうときには、また、それなりの処理の仕方をする必要があります。週刊誌の類《たぐい》は、新聞広告等を読むと、ついつい買ってしまうことが多いかもしれません。ただ、その結果はというと、結局、広告の見出し以上のものはほとんど残らないというか、見出しだけを覚えれば、それで済むことも多いのではないでしょうか。見出しのほうは多少大きく出ていますが、それ以上のものではないわけです。

例えば、「土用の丑《うし》の日はウナギの蒲焼《かばや》き」といった見出しだけを見たら、ウナギの匂《にお》いがしてくるような感じで「おお！」と思うかもしれませんが、買ってみると、それほど腰《こし》を据《す》えて読みたいほどのものはなく、「新聞広告の見出しだけで十分だったかな」というようなところがあります。そのように、時間の無駄《むだ》はいくらでも発生するわけです。

その意味で、情報が増えていくときには、次にはセレクト、すなわち「選んでいく努力」は要《い》ると思うのです。

そうしたことは、仕事においてもあるのではないでしょうか。

必要に応じて、ときには仕事が拡散していったり多角化していったりすることも、どうしても出てくるわけです。ただ、そのなかで、「重要な部分は何か」「最後に残しておきたい部分は何か」ということを考える必要があるのではないかと思います。

幸福の科学の教えに関しても、あまり〝マニアック〟にして広げすぎると、いったい何を教えているのか分からなくなる人が大勢出てくるかもしれないので、時折、その大事なところをギュッとつかみ出し、復習してもらうような努力は要るでしょう。

5 忍耐力《にんたいりょく》ベースの人生戦略

「耐《た》え忍《しの》ぶ力」なくして、後世に遺《のこ》る仕事はできない

「忍耐力《にんたいりょく》」について述べてきましたが、この「耐《た》え忍《しの》ぶ力」というものは、けっこう大きな仕事をするのです。

後世に遺《のこ》るような仕事をしたければ、「耐え忍ぶ力」はどうしても必要です。なぜなら、後々《のちのち》に大きな影響《えいきょう》を与《あた》えるものであればあるほど、同時代においては評価を下せないものが多いからです。

その評価を下せないものをやり遂《と》げるには、勇気も要《い》るし、決断力も要ります。それと同時に、「耐え忍ぶ力」がなければ、とてもではないけれども、やっていられないところはあります。「耐え忍ぶ力」なくして、何

か大きなものを成し遂げるのは無理なことなのです。

例えば、社会人の出世ということでも、おとなしくじっと我慢《がまん》できる人が、何となく、後々、出世していくように見えることもありますが、それも、現実には「耐え忍ぶ力」があるのでしょう。

そして、そういう人のなかには「観察者としての目」があると思います。常に、いろいろな人の仕事を見、あるいは上司が言ってきたことなどを聴《き》いて観察しながら、自分なりに磨《みが》いてきたものを溜《た》めていくようなところがあったのではないかという気がします。

しかし、現代的な成功の仕方を目指す人は、「二十代ぐらいでだいたい固めて、四十代ぐらいにはもう亡《な》くなってしまうのではないか」と思うような急ぎ方をすることもあるので、気をつけなければなりません。

バーンアウトして燃え尽《つ》きないための心構え

人生には何度か節《ふし》があります。その節を乗り越《こ》え、さらに次の節までの間、頑張《がんば》り続ける力が要るのです。

では、その節から節へと移行していくには、どうしたらよいのでしょうか。

そのためには、本章の第3節でも述べたように、成果があがるような何かに打ち込《こ》んでいるのはもちろんのこと、その間に、自分の持っている才能のなかで可能性があるものを温めていくことです。今、一生懸命《いっしょうけんめい》に掘《ほ》り込んでいるものがありつつ、それ以外のところでも、何か可能性があるものを少しずつ少しずつ勉強し続けることが大事なのではないかと思います。

農業でたとえるならば、こういうことです。農業には、二毛作《にもうさく》やお米の二期作があり、畑と水田《すいでん》の両方をやるところなどもありますが、こうしたものは、気候に恵《めぐ》まれ、農耕法も十分に確立していなければ、なかなかできないところがあります。

一方では、昔のやり方のように、田畑の生産性が落ちてきたら休耕田《きゅうこうでん》にして、だんだんに栄養が溜まっていくのをしばらく待つような、自然に任せたやり方もあるかと思います。

人生においても、たいていはそうでしょう。何かをやり遂げようと全力投球しているときには、力いっぱいやるのですが、昔から言われるように、どこかでバーンアウトして、燃え尽《つ》き症候群《しょうこうぐん》になることがあります。いっぱいいっぱいまでやって、それでもう力が尽きてしまうようなことがあるわけです。これが、才能はあると思われても、消えてしまう人が多くいる理由の一つです。

そういう人は、なぜかバーンアウトしてしまうのです。百メートル走であれば、百メートルしか走らないと思っているから全力で走るわけですが、もし、百メートルを越えたあとに「もう一回走りますよ」と言われたら、急に困ってしまうようなものでしょう。

オーディションを何度も受け、チャンスをつかんだ女優エマ・ストーン

一方では、アメリカの女優エマ・ストーンのような人もいます。

彼女は映画「ラ・ラ・ランド」(二〇一七年日本公開)でアカデミー主演女優賞を受賞しましたが、その映画には、彼女の若いころの体験が重なっているとも言われています。映画にも、コーヒーショップの店員をしながら女優を目指しているようなシーンが出てきていたと思いますが、エマ・ストーンにも、オーディションを百回受けても通らないような時代が

あったそうです。

今はブレイクして、「世界で最も稼《かせ》いだ女優」などと言われている人でも、そういう時代はあったのです。

「最も稼いだ女優」になった人を、なぜ、ハリウッドの人たちは、最初のころオーディションで何度も落とすような目しか持っていなかったのか、まことに不思議ではありますす。そういう場合は、コーヒーショップの店員をしながらでもやり続けるような、「自分を信じる心」がなければやっていられないでしょう。

そのわずか十年後にはアカデミー賞を取り、「最も稼いだ女優」になったわけですが、そのようになるとは、誰《だれ》もそう簡単に分かるものではありません。

努力していても、まったく芽が出ない時代もあるでしょう。しかし、どこかで何らかのチャンスをつかんで道が開ける、あるいは、どこかでいい人との巡《めぐ》り会いがあってチャンスのドアが開けるなど、人生にはいろいろとあるわけです。

それまでの間は、やはり、水鳥のように、〝水面下で水をかき続ける努力〟をしなければいけないということです。

水鳥は、水面上の姿は美しく優雅《ゆうが》に見えても、水面下では足の水かきで一生懸命に水をかいているものです。

人間にも、やはり、そういう部分がなければ、なかなか成功はできないわけです。それがあっても成功するとは限らないのですが、それがなければ、そもそも成功しないということです。

そのように、志《こころざし》を持ちつつ、さらに、どの程度の人生計画を持っているかによって、その人に二段目、三段目、四段目の成功が続くこともあります。

「波状攻撃《はじょうこうげき》」で「複線型の人生」をつくる

私は、経営学の話をすることもありますが、そのなかで、「事業には必ず波がある。ピークがあって、それが過ぎ去るときがある」ということも説いています。

では、その波をなくすためには、どうすればよいのでしょうか。

その一つに、「波状攻撃《はじょうこうげき》」というものがあります。一般《いっぱん》的には「同時並《へい》行《こう》処理」をしているように見えても、実際にはそうではなく、「波状攻撃」をしていることが多いのです。

「何かで一つ波が来る。そして、その波が完全に消える前に次の波を起こして重ねていく。さらに、その次の波を起こして重ねていく」というように、「波状攻撃の理論」で何度も何度もやり続け、それを均《なら》してみると、何となく高いところをずっと走っているように見えるわけです。

したがって、常に、「次の波は何か」「その次の波は何か」ということを考え、「波にはピークがあり、その後、下がっていくことがある」ということを念頭に置いておくのは、非常に大事ではないかと思います。

「次の波、そして、その次の波のための準備」というものがあり、そうした「複線型の人生」を生きることはありえるのです。むしろ、そのようにしないかぎり、一流の活躍《かつやく》を長く続けていくことは難しいと言えるのではないでしょうか。

また、「幾《いく》つになっても、頭も体も、鍛《きた》え直せば使えるようになる」ということは、知っておいたほうがよいと思います。

では、何らかの能力をさらに伸《の》ばす瞬間《しゅんかん》、波がピークを迎《むか》える前に、能

波状攻撃《はじょうこうげき》の理論

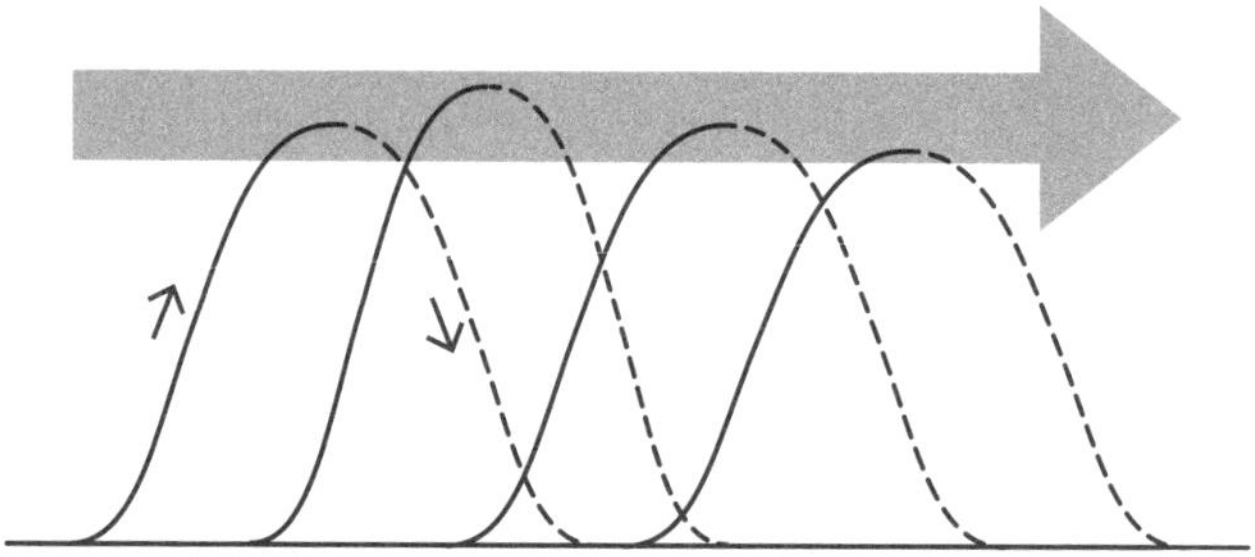

事業には必ず波があり、ピークのあとは下がっていくことがある。その「波のサイクル」を予想し、あらかじめ次の事業や商品を準備しておくことで、高いところをずっと走っているように見える。

力をグッと伸ばすものとは何でしょうか。

それは、平素からの努力は当然のことなのですが、やはり、何かのときに集中力を発揮することが極《きわ》めて大事です。そういう「集中力」や「情熱」といったものを出していく力は大事なのです。

成功も失敗も淡々《たんたん》と受け止める「心の力」

成功の前には危機が訪《おとず》れることも多くあります。そうした、普通《ふつう》の人であれば逆境や逆風によってペチャンと潰《つぶ》れてしまうようなときにも、「危機に強い自分」というものを心に描《えが》き続けることが大事です。「心の力」というものはかなり大きいのです。

人生は、いつも、それほどよいことばかりが続くわけではなく、波のように上がったり下がったりと、その両方があることを知らなければなりません。ですから、今が上《のぼ》り調子で上がっているようなときであるならば、得意絶頂になって転落しないように自分を戒《いまし》めることです。

その成功は本物ではなく、仮の成功かもしれません。あるいは、周りの人の厚意を受けたり、たまたまブームに乗ることができたりして、成功しているような場合もあるでしょう。やはり、多少醒《さ》めた目で自分を見る必要があると思うのです。

それとは逆に、調子が下がり始めるようなこともあります。人気がなくなっていったり、仕事が低調になったり、周りの期待が下がっていったりするようなときもあるわけです。

しかし、そういった、人が落ち込むようなところでも、落ち込みすぎるのではなく、歯を食いしばって持ちこたえることも大事なのではないでしょうか。

私自身も、いつも、「波状攻撃型の考え方」をしていますし、また、客観的には淡々《たんたん》と見えるように進めていこうと思っています。

成功ばかりを求めることは無理であり、失敗もあるでしょう。ただ、その失敗を単なる失敗にしないためにも、それを「次の成功への何らかの種に振《ふ》り替《か》えていけないか」と、私はいつも考えています。何かで頭打ちになったり、引っ掛《か》かったりして、うまくいかないと思ったら、もう一回、その考え方を改めるということでしょうか。そういうことはあります。

6

組織の発展にも必要な「忍耐力《にんたいりょく》」

宗教の伝道スタイル、信仰心《しんこうしん》の落とし込《こ》み方

幸福の科学グループにおいても、幸福実現党などには、客観的に見るとかなり厳しいと思うことが多くあります。

単純に素人《しろうと》考えをすれば、「政治活動をすると、教団の名前も上がり、有名になっていいだろう」と考えてしまうかもしれません。しかし、実際は、同党の候補者の多くは無名であるため、新人を大勢立候補させても、あまり票が入らないわけです。また、教団内でもあまり知られていない人が候補者である場合には、その人の応援《おうえん》が十分にはできないということも起こります。

そうなると、むしろ、教団の力を削《そ》ぐことにもなりかねず、「こんなに力がない小さな教団なのか」と思うような結果が出ることもよくあるのです。

これは実につらいものではありますが、そのように政党だけを捉《とら》えれば、成功していない状態は出ているわけです。

では、宗教の側から捉えると、どうなるでしょうか。幸福の科学のなかには、宗教が好きで入ってきている人、あるいは、人生の何らかの苦しみから逃《のが》れるために宗教にすがってきている人、身内の死などがあって、悲しみを癒《い》やすために来ている人もいます。そういう人たちは、確かに、すぐに政治運動へと転化する人ではない可能性があります。彼らは宗教的ニーズから当会へ来ているのでしょう。

ただ、自分のニーズを満たすための活動や勉強をするなかで、少しずつ変わることがあるかもしれません。ベーシックな政治的知識等を長く与《あた》えられ続けるうちに、その地熱が、だんだんに上がっていくようなこともあるだろうと思います。

独特の宗教観を持つ日本人に信仰《しんこう》を伝えるには

また、教団のほうとしては「信者だ」と考えている人のなかには、こちらが思っているほど、全面的に信じているわけではない人もいるかもしれません。

幸福の科学はイスラム教とは違《ちが》い、「神様との約束を守らなければ、殺されても文句《もんく》は言えない」というところまでの信仰《しんこう》は強制していないため、神様が語っていても、自分の〝趣味《しゅみ》の範囲《はんい》〟で聴《き》くものと聴かないものとを分ける人もたくさんいるでしょう。また、〝休眠《きゅうみん》〟している信者も数多くいるだろうとは思います。

そういう意味では、当会のさまざまな活動のなかで成功していない部分があるとすれば、宗教の本道《ほんどう》のほうに、「伝道のスタイルや信仰心の落とし込《こ》み方などで、まだまだ足りない部分があるのではないか」「信仰の根が深く下りていないのではないか」ということも言えるかもしれません。

日本人には独特の宗教観のようなものがあります。

例えば、結婚式《けっこんしき》は教会においてキリスト教式で行い、葬式《そうしき》はお寺において仏式で行い、七五三《しちごさん》は神社へ行く。あるいは、クリスチャンでもないのに、バレンタインデーにはチョコレートを買いに行き、クリスマスにはみなケーキを買う。まるで、クリスマスのときだけは、国民のほとんどがクリスチャンになっているような状況《じょうきょう》なのに、正月になると、日本神道《しんとう》に戻《もど》って、みな初詣《はつもうで》に行ったりする。そのような国柄《くにがら》なので、錨《いかり》を下ろすように信仰を定着させようとしても、なかなかそうはいかないものもあるのかもしれません。

ただ、これを単に「無宗教」とだけ捉えるのは間違いであって、宗教心そのものはけっこうあるのです。たとえて言えば、「日本はさまざまな種類のケーキが並ぶケーキ屋のようなもので、日本人は、『おいしそうなケーキがたくさんあっても、何個も食べるとカロリーオーバーで肥満になるので、どれか一つにしなければいけない』というような苦しみを持っている国民だ」という見方もあるでしょう。チョコレートケーキかイチゴショートか、メロンケーキか、マロンケーキか、いずれかを選ばなければならないわけです。

要するに、当会の信者のなかにも、そのような感じで選ぶようになっているところが数多くあると思うのです。

その意味では、やはり、もう一段の創意工夫《そういくふう》と押《お》しを加え、「これが一《いち》押《お》しなんですよ」というように、次第《しだい》しだいに持っていかなければいけないでしょう。

例えば、「年初に初詣をするのは立派な心掛《こころが》けではありますが、数百万もの人がお参りをしたら、それは、神様もなかなか聞いてはいられないでしょう。幸福の科学の支部や精舎《しょうじゃ》であれば、神様もよく聞いてくださるみたいですよ」と言うこともできるかもしれません。

政治にもっと「正直さ」や「クリーンさ」を

政治の面についても、「幸福の科学は宗教だから、政治は素人だ」と思われてはいることでしょう。ただ、素人の目から見ても、今の政治には嘘《うそ》が多すぎないでしょうか。ごまかしや嘘のために、ものすごく時間を費《つい》やしているように見えてしかたがありません。

「国民にとって害があったのか、なかったのか」「有益なものだったのか」、あるいは、「政府なり、地方自治体なり、役所なりが、公平無私な態度で行《おこな》ったのかどうか」というように、もっと正直に、ストレートに話し合いができれば、物事は簡単に進んでいくのですけれども、それを進めないように頑張《がんば》っているような人たちも大勢いるわけです。

本来であれば、こういう時代には、宗教的に見て、もう少しクリーンな人たちが選ばれるはずではあるのです。

しかし、そうなっていないのであれば、その政治家を批評している人たちもまた、ダーティーな流れのなかに身を置いていて、それを当たり前だと思っているのかもしれません。

要するに、「川は濁《にご》っているのが当たり前だ」と思っているような価値観もあるわけです。ガンジス河や黄河《こうが》などのように、もともと濁っている川しか見ていない人にとっては、「川というのは濁っているものだ」といった思い込みがあるのではないでしょうか。そうであれば、川に関係する仕事や、あるいは釣《つ》りなどをしている人であっても、「川は濁っているものだ」と思っていて、きれいな水が流れている川のことは知らずにいる場合もあるわけです。

そういう意味では、素人でもいいと思うのです。やはり、思っていることを単刀直入《たんとうちょくにゅう》に、ポンポンと率直《そっちょく》に言って、「なるほど。そう言えば、それはそのとおりだな」というようになることもあると述べておきたいと思います。

幸福の科学も、大学設置の認可申請《しんせい》ではなかなかうまくいかなかったこともあり、難しいところはあると思うのですが、例えば加計《かけ》学園の補助金問題についての報道を観《み》ていると、「よほど、利益共同体のようなものをつくるのがうまい人たちで、やっているのではないか」と感じます。そういうギブ・アンド・テイクの世界なのでしょう。

愛媛《えひめ》県に大学の獣医《じゅうい》学部をつくるために、地方自治体で九十六億円もの補助金を出すということですが、最初の校舎の建設費として算出している金額は百九十二億円なので、要は、地方自治体に「半分持て」というような感じでしょうか。

しかし、一説では、「実際の費用はそれほどかかっているわけではなく、百二十数億円ぐらいで建設した」とも言われており、「そうだとすれば、税金を詐取《さしゅ》したことになるのか、ならないのか」ということも、議論になっているようです（注。その後、二〇一七年十一月十四日、文部科学省は、学校法人「加計学園」による獣医学部新設を認可したと発表したが、同問題に関する議論は続いている）。

大学をつくるために、県などから九十六億円ものお金を引きずり出すというのは、なかなかすごいことです。おそらく、その後、運営するに当たっても補助金は出続けるのでしょう。自分たちの事業のために税金を予算として組み込むというのは、なかなかすごいと思うところはあります。

一方、幸福の科学は、そういうものに頼《たよ》る気はまったくなく、大学をつくろうとしているわけです。それでもいろいろと言われた側なので、そういうかたちで政治家や官僚《かんりょう》等をグルッと巻き込んでいく力はすごいとは思うものの、どこか虚《むな》しい気持ちもあります。

大きな成功をしたときほど、「自制する心」を大切に

今、私は映画製作をしている仕事柄、さまざまな映画作品を観ることも

多いのですが、いろいろなところに「文科省の補助金」（文化芸術振興費《しんこうひ》補助金）というのが出てくるのです。映画のどこかに伝統芸能のようなものが多少なりとも差し込んであると、補助金が出るようなのです。

実際にどのくらいの額が出るのかは知りませんが、やたらとよく見るので、役人のなかによほど暇《ひま》な人がいて、どこへ補助金を撒《ま》くかを考えているのではないかと思うこともあります。

二〇一六年から一七年にかけて大ヒットした映画「君の名は。」（二〇一六年公開／東宝）は、国内でも一千数百万人以上の人が観ているようですし、興行収入も二百五十億円ぐらいだったと思いますが、それでも文科省の補助金が出ているのです。映画のなかに、日本の伝統的な文化、神社の口噛《くちか》み酒や組紐《くみひも》、あるいは踊《おど》りなどが多少入っているので、それで補助金を引き出しているのかもしれません。

もともと製作段階では、興行収入は十億円も行けばいいほうだと思っていたようですが、あれだけ当たったのなら、本当であれば、補助金は返さなければいけないところかもしれません。ケチなことを言うつもりはまったくありませんが、そう感じることもあります。

他力《たりき》によって成功することもあるでしょうけれども、少なくとも、そのなかにあまり私心が入らないようにすると同時に、「ほかの人の立場から見ても、それを正しいと思えるかどうか」という目は持っておいたほうがよいでしょう。

これは、あらゆる職業の、あらゆる仕事について言えることです。「大きくなればなるほど、力を持てば持つほど、影響力《えいきょうりょく》が大きくなればなるほど、『公平無私』になっていく。あるいは、『無我《むが》』の心を大事にしていく」という観点は大事なのではないかと思います。

幸福の科学が「地球規模の宗教を目指す」という観点を持っているのであれば、なおさら、できるだけそういう心を持って物事を見ていかなければなりません。やはり、小さな権益や利益だけで見てはいけないでしょう。それだけ自制しながら努力していくことも、また、一つの忍耐《にんたい》だと思うのです。

7

「忍耐力《にんたいりょく》という成功の資源」はつくり出すことができる

本章では、「忍耐力《にんたいりょく》」について、さまざまな角度から話をしてみました。

とにかく、頭のよし悪《あ》しや才能のあるなしだけで、人生の成功や幸運などが決まると思っている人が多いでしょうし、確かに、短い時間で見れば、そういうこともあるかもしれません。ただ、長い時間で見た場合には、才能がありすぎたり、能力がありすぎたりしても、失敗することはあるのです。人間関係で失敗したり、お金の感覚がなくて失敗したりするような人もいます。

したがって、どんなことがあっても転がりながら大きくなっていくような、「雪だるま型」の努力をしていくことが大事です。

「忍耐力」というのは、自分の才能や能力などが、まだまだ十分に開花していないか、あるいは、そうしたものを持っていないと思われるような人たちが成功するための、本当に大事な大事な資源なのです。

この資源は、生まれつき持っていなかったとしても、「自己鍛錬《たんれん》」や「訓練」を通してつくれる資源であるということを知ってください。そういう心掛《こころが》けを持って、毎日毎日を積み重ねていくことによって、できてくる資源なのです。

いくら水をかき回したところで石油にはなりません。しかし、人の心というのは、目標を持って一生懸命《いっしょうけんめい》に鍛錬していると、変わっていくところがあるのです。

そして、「今はとても難しいことのように思っていることであっても、やがて、楽々とできるようになる」ということを知ってほしいと思います。

例えば、昔、ナイアガラの滝《たき》かどこかにワイヤーを架《か》け、その上を渡《わた》った綱渡《つなわた》りの名人がいました。それを見ていた人たちは拍手喝采《はくしゅかっさい》をし、「あなただったら、乳母車《うばぐるま》に人を乗せて押《お》しながらでも、その上を歩けるのではありませんか」「あなたのような信念があれば、それができるのではありませんか」と言いました。すると、彼は、「では、あなたがその乳母車に乗ってくれますか。そうしたら、私がそれを押《お》してワイヤーを渡ってみせますから」というようなことを言ったそうです。

結局、「いや、それは結構です」ということになりました。やはり怖《こわ》いわけです。「そんなに言ってくださるのなら、どうぞ乗ってください」と言われても、ナイアガラの滝に落ちないという自信はないのです。

そのように、名人の押す車に乗るだけでもできないことであり、ましてや、渡る本人というのは、それほど大変な仕事をしているわけです。

普通《ふつう》ではできないことをやっているうちに、他人《ひと》は、「さらにもっとできるのではないか」と期待するものですが、「では、あなたなら、それをやれますか」と言われて考えてみると、「できない」ということが急に分かったりするようなことがあります。

自分に対し、いろいろな人がさまざまなことを言うでしょう。しかしながら、自分の力の限界を知りつつも、その限界を超《こ》えていくための努力を、知能的にも肉体的にも、あるいは人生学的にも、さらに積み重ねていくことがとても大事だと思います。

以上が、簡単ではありますが、「忍耐力」についての心の教えです。

政府や役所に、
あまり多くを期待してはならない。
前例主義、
事なかれ主義からは、
イノベーションは生まれない。

自《みずか》らの心を鍛《きた》えよ。
偉人伝《いじんでん》から、
偉人の魂《たましい》の叫《さけ》びを聴《き》き取れ。
自ら自身が、
闇夜《やみよ》の燈台《とうだい》となれ。

今、必要とされているのは、
天に向かって突《つ》き抜《ぬ》けていく人間だ。
神の子としての自己証明が、
自分を活《い》かす道でもあるのだ。

自分を活《い》かす道

世界の人口は増加の一途《いっと》をたどっている。
さすれば、
あなた一人の生命《いのち》の値打ちは、
日々に減少しているか。

いや、そうではあるまい。
いや、そうであってはなるまい。
今こそ、
数多くの英傑《えいけつ》が、
登場しなくてはならないのだ。

新しき神の卵が、
産み出されなくてはならない。

言葉を換《か》えるならば、
未来志向型のリーダーの養成が、
急務であるということだ。

あとがき

本書は、ある種の成功論である。だが、私自身の能力と経験に裏づけられたものであるので、読み手の能力、才能、経験、環境によっても、受けとり方は異《こと》なるだろう。

創造的人間になるためには、「愛」が必要である。世の中の人々のお役に立とうと思えばこそ、時間を絞《しぼ》り出し、智慧《ちえ》を結晶《けっしょう》させ、努力を継続し続ける気概《きがい》が湧《わ》いてくる。お金で時間も本も買えるが、お金持ちが皆、知的で創造的な人間になるわけではない。むしろ逆に堕落《だらく》するケースの方が多かろう。

それでも、創造的人間になることは、人生の密度を高める秘術《ひじゅつ》につながることだろう。だから本書があなたの未来を変える力になると思う。一冊一冊の良書との出会いが現在の私を創《つく》ってきた。本書が読者の未来を拓《ひら》く一冊の良書となることを祈っている。

二〇一八年　五月十六日

幸福《こうふく》の科学《かがく》グループ創始者兼総裁《そうししゃけんそうさい》　大川隆法《おおかわりゅうほう》

本書は左記の法話をとりまとめたものです。

第1章　創造的人間の秘密二〇一一年八月二十七日説法
栃木県・総本山・那須精舎

第2章　知的体力増強法二〇一〇年八月二十六日説法
千葉県・千葉正心館

第3章　忍耐力二〇一七年八月二十四日説法
幸福の科学 特別説法堂

『創造的人間の秘密』大川隆法著作関連書籍

『創造の法』（幸福の科学出版刊）
『忍耐の法』（同右）
『智慧の法』（同右）
『霊的世界のほんとうの話。』（同右）
『仕事と愛』（同右）
『大川総裁の読書力』（同右）
『社長学入門』（同右）
『大学生からの超高速回転学習法』（同右）
『創造する頭脳』（同右）

※左記は書店では取り扱っておりません。最寄りの精舎・支部・拠点までお問い合わせください。
『心の指針　第五集　不滅への道』（宗教法人幸福の科学刊）

『心の指針 第九集 勇気ある人』（同右）
月刊「幸福の科学」二〇一六年一月号（同右）

創造的人間《そうぞうてきにんげん》の秘密《ひみつ》

2018年6月1日　初版第1刷
2018年7月17日　第2刷

著者　大《おお》川《かわ》隆《りゅう》法《ほう》

発行所　幸福の科学出版株式会社
〒107-0052 東京都港区赤坂2丁目10番14号
TEL(03)5573-7700
https://www.irhpress.co.jp/

印刷・製本　株式会社 堀内印刷所

落丁・乱丁本はおとりかえいたします

ISBN978-4-8233-0001-1 C0030
カバー写真：lovelyday12/Shutterstock.com
装丁・イラスト・写真（上記・パブリックドメインを除く）© 幸福の科学

大川隆法 著作シリーズ

最　新　刊

守護霊インタビュー 習近平 世界支配へのシナリオ
米朝会談に隠された中国の狙い

米朝首脳会談に隠された中国の狙いとは？　米中貿易戦争のゆくえとは？　覇権主義を加速する中国国家主席・習近平氏の驚くべき本心に迫る。

1,400円

米朝会談後に世界はどう動くか キッシンジャー博士 守護霊インタビュー

英語霊言
日本語訳付き

大統領選でのトランプ氏の勝利を予言したキッシンジャー博士の守護霊は、米朝会談をどう評価するのか。元米国務長官の視点から対北外交にアドバイス。

1,400円

米朝会談後の外交戦略 チャーチルの霊言

かつてヒットラーから世界を救った名宰相チャーチルによる「米朝会談」客観分析。中国、韓国、ロシアの次の一手を読み、日本がとるべき外交戦略を指南する。

1,400円

※表示価格は本体価格（税別）です。

大川隆法 ベストセラーズ

クリエイティブで豊かな人生を

創造の法

常識を破壊し、新時代を拓く

斬新なアイデアを得る秘訣、究極のインスピレーション獲得法など、仕事や人生の付加価値を高める実践法を説く。

1,800円

創造する頭脳

人生・組織・国家の未来を開く
クリエイティビティー

最新の世相・時局を自由自在に読み解きつつ、いかなる局面からも「成功」への道を見つけ出す発想法を指南! 現代を生き抜くための「実践兵法」をあなたへ。

1,500円

心が豊かになる法則

幸福とは猫のしっぽのようなもの—。「人格の形成」と「よき習慣づくり」をすれば、成功はあとからついてくる。人生が好転する「心のリバウンド力」が身につく書。

1,500円

幸福の科学出版

Welcome to Happy Science!
幸福の科学グループ紹介

「一人ひとりを幸福にし、世界を明るく照らしたい」──。その理想を目指し、
幸福の科学グループは宗教を根本《こんぽん》にしながら、幅広い分野で活動を続けています。

宗教活動

幸福の科学【happy-science.jp】

- 支部活動【map.happy-science.jp（支部・精舎へのアクセス）】
- 精舎（研修施設）での研修・祈願【shoja-irh.jp】
- 学生部【03-5457-1773】
- 青年部【03-6277-3176】
- 百歳まで生きる会（シニア層対象）
- シニア・プラン21（生涯現役人生の実現）【03-6384-0778】
- 幸福結婚相談所【happy-science.jp/activity/group/happy-wedding】
- 来世幸福園（霊園）【raise-nasu.kofuku-no-kagaku.or.jp】

30th

2016年、幸福の科学は
立宗30周年を迎えました。

来世幸福セレモニー株式会社【03-6311-7286】

株式会社 Earth Innovation【earth-innovation.net】

社会貢献

ヘレンの会（障害者の活動支援）【helen-hs.net】
自殺防止活動【withyou-hs.net】
支援活動
- 一般財団法人
「いじめから子供を守ろうネットワーク」【03-5719-2170】
- 犯罪更生者支援

国際事業

Happy Science 海外法人
【happy-science.org（英語版）】【hans.happy-science.org（中国語簡体字版）】

教育事業

学校法人 幸福の科学学園

- 中学校・高等学校（那須本校）【happy-science.ac.jp】
- 関西中学校・高等学校（関西校）【kansai.happy-science.ac.jp】

宗教教育機関ほか

- 仏法真理塾「サクセスNo.1」（信仰教育と学業修行）【03-5750-0747】
- エンゼルプランV（未就学児信仰教育）【03-5750-0757】
- ネバー・マインド（不登校児支援）【hs-nevermind.org】
- 一般社団法人
ユー・アー・エンゼル！運動（障害児支援）【you-are-angel.org】

高等宗教研究機関

- ハッピー・サイエンス・ユニバーシティ（HSU）
【happy-science.university】

政治活動

幸福実現党【hr-party.jp】

- <機関紙>「幸福実現NEWS」
- <出版> 書籍・DVDなどの発刊
- 若者向け政治サイト【truthyouth.jp】

HS 政経塾【hs-seikei.happy-science.jp】

出版事業

幸福の科学の内部向け経典の発刊

幸福の科学の月刊小冊子【info.happy-science.jp/magazine】

幸福の科学出版株式会社【irhpress.co.jp】

- 書籍・CD・DVD・BDなどの発刊
- <映画>「さらば青春、されど青春。」【saraba-saredo.jp】など
- <オピニオン誌>「ザ・リバティ」【the-liberty.com】
- <女性誌>「アー・ユー・ハッピー?」【are-you-happy.com】
- <書店> ブックスフューチャー【booksfuture.com】
- <広告代理店> 株式会社メディア・フューチャー

メディア関連事業

メディア文化事業

- <ネット番組>「THE FACT」【youtube.com/user/theFACTtvChannel】
- <ラジオ>「天使のモーニングコール」【tenshi-call.com】

スター養成部（芸能人材の育成）【03-5793-1773】

ニュースター・プロダクション株式会社【newstarpro.co.jp】

- <映画>「君のまなざし」【kimimana-movie.jp】など

ARI Production 株式会社【aripro.co.jp】

- <映画>「心に寄り添う。」【aripro.co.jp/products/kokoro-yorisou】

入会のご案内

幸福の科学では、大川隆法総裁が説く仏法真理《ぶっぽうしんり》をもとに、「どうすれば幸福になれるのか、また、他の人を幸福にできるのか」を学び、実践しています。

入会

仏法真理を学んでみたい方へ

ネットで入会

大川隆法総裁の教えを信じ、学ぼうとする方なら、どなたでも入会できます。入会された方には、『入会版「正心法語《しょうしんほうご》」』が授与されます。

三帰《さんき》誓願《せいがん》

信仰をさらに深めたい方へ

仏弟子としてさらに信仰を深めたい方は、仏《ぶっ》・法《ぽう》・僧《そう》の三宝《さんぼう》への帰依を誓う「三帰誓願式」を受けることができます。三帰誓願者には、『仏説・正心法語』『祈願文《きがんもん》①』『祈願文②』『エル・カンターレへの祈り』が授与されます。

幸福の科学 サービスセンター
TEL 03-5793-1727（受付時間／火～金：10～20時　土・日祝：10～18時）

幸福の科学 公式サイト
happy-science.jp

ハッピー・サイエンス・ユニバーシティ

Happy Science University

ハッピー・サイエンス・ユニバーシティ(HSU)は、大川隆法総裁が設立された「現代の松下村塾」であり、「日本発の本格私学」です。

公式サイト **happy-science.university**

学部のご案内

人間幸福学部

人間学を学び、新時代を切り拓くリーダーとなる

経営成功学部

企業や国家の繁栄を実現する、起業家精神あふれる人材となる

未来産業学部

新文明の源流を創造するチャレンジャーとなる

長生キャンパス
〒299-4325
千葉県長生郡長生村一松丙 4427-1
Tel.0475-32-7770

未来創造学部

時代を変え、未来を創る主役となる

政治家やジャーナリスト、俳優・タレント、映画監督・脚本家などのクリエーター人材を育てます。
4年制と短期特進課程があります。

・4年制
1年次は長生キャンパス、2年次以降は東京キャンパスです。

・短期特進課程(2年制)
1年次・2年次ともに東京キャンパスです。

HSU未来創造・東京キャンパス
〒136-0076 東京都江東区南砂2-6-5
Tel.03-3699-7707

NEW STAR PRODUCTION

ニュースター・プロダクション

「新時代の"美しさ"」を創造する芸能プロダクションです。2016年3月に映画「天使に"アイム・ファイン"」を、2017年5月には映画「君のまなざし」を公開しています。

公式サイト **newstarpro.co.jp**

ARI Production

ARI《アリ》 Production《プロダクション》

タレント一人ひとりの個性や魅力を引き出し、「新時代を創造するエンターテインメント」をコンセプトに、世の中に精神的価値のある作品を提供していく芸能プロダクションです。

公式サイト **aripro.co.jp**

幸福実現党

党の機関紙「幸福実現NEWS」

内憂外患《ないゆうがいかん》の国難に立ち向かうべく、2009年5月に幸福実現党を立党しました。創立者である大川隆法党総裁の精神的指導のもと、宗教だけでは解決できない問題に取り組み、幸福を具体化するための力になっています。

幸福実現党 釈量子サイト
shaku-ryoko.net

Twitter
釈量子@shakuryokoで検索

若者向け政治サイト「TRUTH YOUTH」

若者目線で政治を考えるサイト。現役大学生を中心にしたライターが、雇用問題や消費税率の引き上げ、マイナンバー制度などの身近なテーマから、政治についてオピニオンを発信します。

truthyouth.jp

幸福実現党 党員募集中

あなたも幸福を実現する政治に参画しませんか。

○幸福実現党の理念と綱領、政策に賛同する18歳以上の方なら、
どなたでも参加いただけます。

○党費:正党員(年額5千円[学生 年額2千円])、
特別党員(年額10万円以上)、家族党員(年額2千円)

○党員資格は党費を入金された日から1年間です。

○正党員、特別党員の皆様には
機関紙「幸福実現NEWS(党員版)」が送付されます。

＊申込書は、下記、幸福実現党公式サイトでダウンロードできます。

住所 **〒107-0052**
東京都港区赤坂2-10-8 6階
幸福実現党本部

TEL **03-6441-0754**
FAX **03-6441-0764**
公式サイト **hr-party.jp**

2017年8月2日 東京ドーム「人類の選択」

2017年5月14日 ロームシアター京都
「永遠なるものを求めて」

2017年4月23日 高知県立県民体育館
「人生を深く生きる」

2018年2月3日 都城市総合文化ホール(宮崎県)
「情熱の高め方」

2017年12月7日 幕張メッセ(千葉県)「愛を広げる力」